Volker Quaschning

MÜLLTRENNER, MÜSLIESSER & KLIMASCHÜTZER

Volker Quaschning

MÜLLTRENNER, MÜSLIESSER & KLIMASCHÜTZER

Wir Deutschen und unsere Umwelt

HANSER

FSC

Mix

Produktgruppe aus vorbildlich
bewirtschafteten Wäldern und
anderen kontrollierten Herkünften
Zert.-Nr. GFA-COC-001262
www.fsc.org
© 1996 Forest Stewardship Council

Das für dieses Buch verwendete FSC-zertifizierte Papier Munken Premium liefert Arctic Paper Munkedals AB, Schweden.

Bibliografische Information der Deutschen Nationalbibliothek

Die Deutsche Nationalbibliothek verzeichnet diese Publikation in der Deutschen Nationalbibliografie; detaillierte bibliografische Daten sind im Internet über http://dnb.d-nb.de abrufbar.

1   2   3   4   5   6   13   12   11   10

© 2010 Carl Hanser Verlag München
Internet: http://www.hanser.de

Lektorat: Mirja Werner
Herstellung: Franziska Kaufmann
Umschlaggestaltung: Stephan Rönigk unter Verwendung einer Illustration
    von Michael Hüter
Illustrationen: Michael Hüter
Satz: Volker Quaschning
Druck und Bindung: Friedrich Pustet, Regensburg
Printed in Germany

ISBN 978-3-446-42261-2

Ein Wort zuvor

Wir Deutschen sind Weltmeister: Exportweltmeister, Umweltweltmeister und alle zwanzig, dreißig oder vierzig Jahre auch mal Fußballweltmeister. Doch Titel sind vergänglich. Die Chinesen haben uns gerade vom Thron des Exportweltmeisters gestoßen und das mit dem Fußballweltmeister ist auch stets eine schwierige Operation. Wo uns aber keiner etwas vormacht, ist der Umweltschutz. Wir trennen den Müll, essen Bio – zumindest ab und zu – bauen Solaranlagen und schützen das Klima.

Wenn es uns nicht gäbe, wäre die globale Umwelt schon komplett ruiniert. Schließlich haben wir den Umweltminister erfunden, zumindest den mit den Turnschuhen. Auch der grüne Punkt stammt von uns. Wir haben als erste konsequent Solar- und Windkraftanlagen gefördert und haben in Westeuropa den höchsten Rückgang der Kohlendioxidemissionen vorzuweisen.

Immer sind wir aber nicht die Ersten beim Umweltschutz. Beim Thema Auto hört in Deutschland der Spaß auf. Freiwillig Tempo hundert auf der Autobahn, nur um das Klima zu retten? Das Ozonloch haben die Briten entdeckt und den Treibhauseffekt die Amerikaner oder Franzosen. Wir sind beim Umweltschutz also auch mal wieder nur der gefühlte Weltmeister, so wie beim deutschen Fußballsommermärchen oder der WM in Südafrika. Aber wenigstens hatten wir und die Deutschlandflaggenhersteller dabei viel Spaß.

Wenn wir uns aber irgendwie auch als Umweltweltmeister fühlen, haben wir ja möglicherweise klammheimlich Freude an der Umwelt gefunden. Ab und zu scheint uns aber der ganze Umweltschutz doch den Spaß zu verderben. Dabei hat jede und jeder von uns so seine eigene Spaßschwelle. Ein Grund, einmal eine Bestandsaufnahme über uns Deutschen und den Umweltschutz zu machen. Viel Spaß beim Lesen!

Volker Quaschning

Worte des Dankes

Ein ganz besonderer Dank gilt meiner Frau Cornelia – frei nach Kishon der besten Ehefrau von allen. Sie hat durch ihre zahlreichen wertvollen Tipps und Anregungen einen wesentlichen Anteil daran, dass dieses Buch so entstehen konnte, wie es ist. Ein herzliches Dankeschön geht auch an den Hanser Verlag, insbesondere an Dr. Hermann Riedel, der auch einen Professor mal etwas Nützlich-Unterhaltsames schreiben ließ, sowie an Mirja Werner und Franziska Kaufmann für die perfekte Unterstützung bei der Realisierung des Buchs. Danke auch an Petra und Robert Wiederhöft für das sehr hilfreiche Testlesen. Ein großer Dank gilt auch Michael Hüter, der mit seinen tollen Zeichnungen dieses Buch erheblich aufgewertet hat. Der letzte und wichtigste Dank geht an meine Kinder und alle anderen Kinder und Enkel der Generation Golf, die uns durch ihr einzigartiges Wesen dazu antreiben, uns für den Erhalt unserer Umwelt und unserer Lebensgrundlagen einzusetzen.

Der liebe Inhalt

Der Müll, die Tonnen und ich

Die Mülltrennung gehört mittlerweile zu Deutschland wie das Bier. Einige verweigern sich zwar hartnäckig der Sammeldoktrin. Aber es soll ja auch Menschen geben, die alkoholfreies Bier – oder sogar etwas ganz anderes – trinken. Während in Deutschland der Müll also geordnete Bahnen geht, versinken andere Teile der Welt in ihren Abfällen. Ganz klar, das deutsche Müllkonzept ist eben einfach gut.

»Schatz, kannst du bitte mal den Müll runtertragen?! Und nimm den gelben Sack mit, wenn du schon gehst.«
Eigentlich zähle ich uns zu den emanzipierten Familien. Bei der Mülltrennung herrscht aber trotzdem die klassische Rollenverteilung. Die Ehefrau organisiert das Ganze. Die Kinder lernen bereits ab drei, dass der Apfelkrotz in den vorderen und der Joghurtbecher in den hinteren Mülleimer in der Küche kommen. Schließlich kann man ja nicht früh genug mit der Umwelterziehung anfangen. Der Ehemann ist für die Entsorgung zuständig, die Ehefrau für das Terminmanagement derselben.

»Könntest du auch noch die Werbung für die Biotonne ins Altpapier werfen?« Seit wir ein eigenes Einfamilienhaus bewohnen, ist das Müllsystem etwas komplizierter geworden als früher. Zur letzten Mietwohnung in einem Mehrfamilienhaus gehörten fünf verschiedenfarbige

Tonnen für Altpapier, Altglas, grünen Punkt, Biomüll und Restmüll. Nun haben wir nur noch eine schwarze Tonne. Der grüne Punkt wird in einen gelben Sack gesteckt. Eine gelbe Tonne steht uns als Einfamilienhausbesitzer nicht zu. Altpapier und Altglas kommen erst mal in den Flurschrank. Wenn der voll ist und einem beim Öffnen alles entgegenfällt, gibt es eine Müllfahrt zum Recyclinghof. Eine braune Biotonne haben wir nicht – noch nicht. Unser Müllentsorger hat uns nämlich gerade die Vorzüge der gesonderten Sammlung von kompostierbaren Reststoffen klargemacht. Aus dem Biomüll wird Biogas hergestellt. Damit sollen einige Müllautos betankt werden, die den Biomüll aus der Biotonne abholen. Toll! Dafür wird dann aber auch eine extra Gebühr fällig. Umweltschutz hat schließlich seinen Preis. Unsere bisherigen Erfahrungen mit der Biomülltonne waren aber nur bedingt positiv. Biomüll neigt dazu, im Sommer übel zu riechen und im Winter festzufrieren. Unser Entsorger empfiehlt deshalb, den Biomüll in Zeitungspapier einzuwickeln. Zeitungspapier gehört unserer Meinung nach aber besser in die Altpapiertonne oder bei Fehlen derselben eben in den Flurschrank. Wir überlegen in dieser Angelegenheit also noch.

Wenn ich an meine früheste Kindheit zurückdenke, gibt es in meiner Erinnerung nur eine Mülltonne. Die war noch aus richtig schwerem Metall. Doch dann setzte die kontinuierliche Tonnenvermehrung ein. Ich fand es damals faszinierend, immer neue Tonnen kennenzulernen. Erst kam blau für Altpapier. Dann folgte gelb für Altglas.

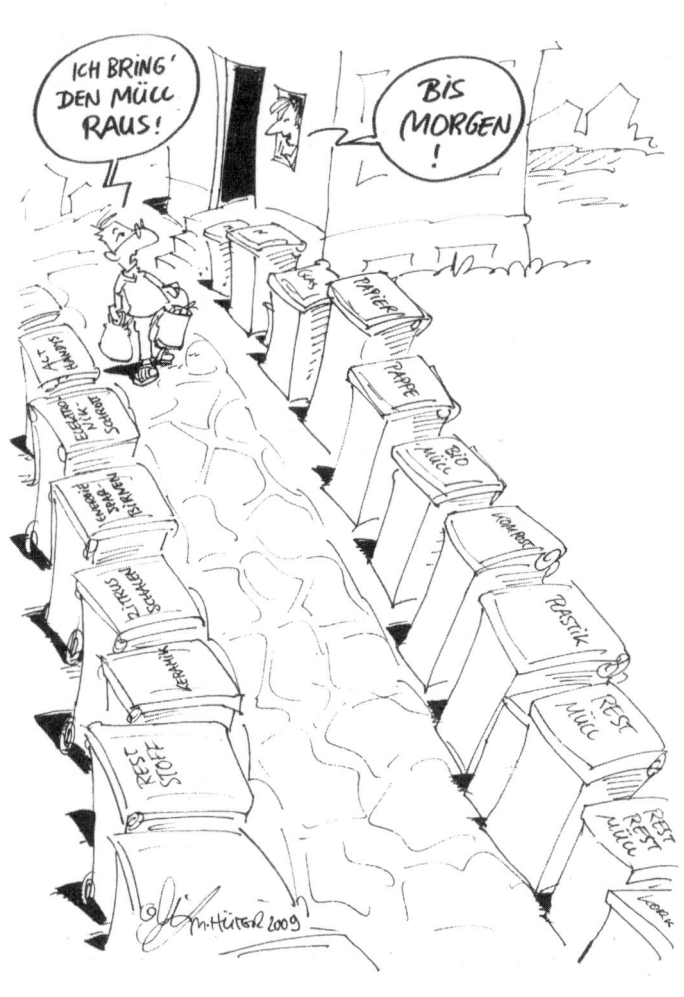

Die gelbe Tonne für Altglas wurde dann später grün, weil seit dem Jahr 1990 der grüne Punkt bundesweit in gelben Tonnen gesammelt wird. Ansonsten sind die Mülltrennungssysteme in unterschiedlichen Regionen und Haushalten meist etwas verschieden. Daher gehört eine Einweisung in das Mülltrennungssystem immer dazu, wenn wir bei Freunden für eine Übernachtung einfallen.

Die Einweisung für Gäste aus dem Ausland ist oft etwas schwieriger, da außerhalb von Deutschland eine andere Müllkultur existiert. Zu meinen Studienzeiten hatte ein guter Freund einmal einen Austauschstudenten aus Frankreich für einige Wochen zu Gast. Kurz vor seiner Abreise wurde er gefragt, was sein Eindruck von Deutschland wäre. Er meinte, ihm habe es gut gefallen. Die Deutschen wären recht locker und witzig, was er gar nicht so erwartet hätte. Es gäbe aber zwei Sachen, die fände er etwas merkwürdig. Zum einen würden die Deutschen das Fahrrad zur normalen Fortbewegung und nicht nur zum Sport verwenden, und zum anderen gäbe es in Deutschland unendlich viele Mülltonnen.

Wie sich Gäste anderer Nationen in Deutschland fühlen, kann man bei eigenen Auslandsaufenthalten nachempfinden. Beruflich hatte es uns für einige Jahre nach Südspanien verschlagen. Selbstverständlich wollten wir unser lange antrainiertes Abfallsammelsystem auch auf der iberischen Halbinsel beibehalten. Schließlich hat Spanien seit 1998 den grünen Punkt kopiert. Auf Spanisch heißt er »el punto verde«.

Alle Verpackungen tragen seitdem wie in Deutschland das vertraute Recyclingsymbol. Also sammelten wir weiter fleißig Einwegverpackungen. Gelbe Säcke gab es in Spanien zwar nicht, dafür aber Unmengen an Einwegplastiktüten, mit denen wir beim Einkaufen fleißig eingedeckt wurden. Mehrmals hatten wir an der Kasse versucht, mit Baumwolltaschen aus Deutschland den Plastiktütenberg zu reduzieren. Dass die Kunden ihre eigenen Taschen mitbringen, versteht man in Spanien allerdings nicht. Darum bekamen wir trotzdem Plastiktüten. Da man schließlich die Kultur des Gastlandes respektieren soll, gaben wir den Versuch der Tütenvermeidung erst einmal auf.

Nicht geklärt hatten wir aber die Frage, was wir mit den gehorteten Einwegverpackungen mit dem grünen Punkt in den Einwegplastiktüten aus dem Supermarkt anfangen sollten. Ich fragte also einen deutschen Kollegen, der schon länger in Spanien war. »Meine Frau hat neulich eine gelbe Tonne im Nachbarort gesehen«, antwortete er. Euphorisch packten wir also die Müllsäcke in den  Kofferraum und starteten eine Suchexpedition. Nach einer Stunde und fünf Litern verfahrenem Benzin brachen wir die Suche erfolglos ab. Der grüne Punkt kam fortan in den normalen Müll.

Etwa zwei Jahre später tauchten dann wirklich gelbe Container in unserer Ortschaft auf. Offensichtlich gab es aber außer uns noch mehr deutsche Auswanderer, die sofort ihren Entzug nach ordentlicher Mülltrennung kompensieren wollten. Die gelben Container waren stets überfüllt und wurden leider nur äußerst selten geleert.

Sehr routiniert läuft hingegen in Spanien die Entsorgung des normalen Haushaltsmülls ab. Anders als in Deutschland hat nicht jedes Haus seine eigene Mülltonne. Alle hundert Meter steht ein großer Müllcontainer auf der Straße. Dieser wird von der ganzen Nachbarschaft genutzt und täglich mitten in der Nacht geleert. So möchte man bei den hohen sommerlichen Temperaturen in Spanien das Stinken des Mülls und den wärmebedingten Kreislaufkollaps der Müllleute vermeiden.

Ganz verhindert wird das Stinken des Mülls dadurch allerdings nicht. Genauer gesagt wird es nur auf die Mülldeponie verlagert. Diese befand sich in einem abgeschiedenen Tal etwas landeinwärts. Man konnte es daran erkennen, dass in unregelmäßigen Abständen dunkle, übelriechende Rauchschwaden aufstiegen und die Umgebung weiträumig einnebelten. Angeblich neigt der Müll bei den hohen spanischen Temperaturen gerne zur Selbstentzündung.

Eine andere Selbstentzündung konnten wir nachts, immer vor Beginn der Pflanzsaison, beobachten. In Südspanien boomt die Landwirtschaft. Von einer Fläche größer als die der Stadt München stammen die meisten Tomaten, die das ganze Jahr über zu uns nach Deutschland kommen und unseren Hunger nach frischem Gemüse stillen. Die Vorstellung von romantischen Bauerhöfen in andalusischen Bergdörfern entspricht dabei nicht ganz der Realität. Vielmehr gedeihen die Tomaten in automatisch bewässerten Kunstsubstraten. Eine gigantische Fläche ist dabei einfach mit Plastikfolien überspannt. Das ist billiger als Glas und erfüllt im warmen Spanien ebenfalls seinen Zweck. Die Witterung macht den Folien jedoch mit der Zeit zu schaffen. Sind sie verschlissen, werden sie auf einen Haufen geworfen und durch neue ersetzt. Bei genau diesen Folienhaufen kommt es dann regelmäßig zu einer spontanen nächtlichen Selbstentzündung. Eine Müllverbrennung wäre nämlich auch in Spanien strafbar.

Auch im italienischen Neapel brannte im Jahr 2008 wochenlang der Müll – nicht aber irgendwo auf einem Feld, sondern mitten in der Stadt. Die Politik hatte die Müllentsorgung auf die lange Bank geschoben. Sie hatte die Hoffnung, das Müllproblem würde sich schon irgendwie von selbst lösen. Das tat es aber nicht. Als Konsequenz hatten sich tausende Tonnen  stinkenden Abfalls in den Straßen gesammelt. Die Deponien waren voll und geplante Müllverbrennungsanlagen nicht fertig.

Nach langem Hin und Her fand sich schließlich eine Lösung. Was in Italien Mangelware war, gab es in Deutschland im Überfluss. Viele Gemeinden in Deutschland haben ihre Müllverbrennungsanlagen sehr großzügig dimensioniert. Die Bürger haben das bezahlt und einige Unternehmen in der Entsorgungsbranche damit sehr gut verdient. Nun stehen schlecht ausgelastete Anlagen herum und treiben die Müllkosten in die Höhe. Was lag also näher, als unseren italienischen Freunden zur Seite zu springen? Schließlich hinterlassen wir bei unserem alljährlichen Sommerurlaub in Italien auch jede Menge Abfall. Also wurde der Müll umweltfreundlich per Zug nach Deutschland gebracht. Die Müllverbrennungsanlagen hierzulande waren endlich mal richtig ausgelastet und Neapel gerettet. Alle waren zufrieden. Einige kritische Stimmen soll es auch gegeben haben. Schließlich verbrennt Müll nicht absolut schadstofffrei. Inzwischen haben sich die kritischen Stimmen aber weitgehend in Rauch aufgelöst und Italien baut seine eignen Müllverbrennungsanlagen.

Es ist unbestritten: Die Müllentsorgung funktioniert im Vergleich zu anderen Ländern in Deutschland recht gut, die Umweltstandards sind hoch. Konsequente Müllvermeidung und eine optimierte Kreislaufwirtschaft wären sicher ein besserer Weg gewesen. Aber wer will das heute noch wissen, wo unsere Müllverbrennungsanlagen sogar Krisen in der weiten Welt lösen?

Der Müll, die Tonnen und ich

Papier für das ganz große Geschäft

Im Jahr 1850 verbrauchte ein Deutscher gerade einmal ein Kilogramm Papier pro Jahr, heute sind es zweihundertfünfzig. Jeder von uns hat damit jährlich drei Bäume auf dem Gewissen. Recyclingpapier könnte uns das Gewissen erleichtern – noch besser wäre es natürlich, ganz auf Papier zu verzichten. Das führt uns dann zwangsweise zum papierlosen Büro und dann vielleicht auch noch zum papierlosen stillen Örtchen.

Es soll ja Naturvölker auf der Welt geben, die gar kein Papier kennen. Gut, könnte man sagen, wer nicht lesen und schreiben kann, kommt problemlos auch ganz ohne aus. Etwas heikel wird es nur beim großen Geschäft. Einige Ernährungsberater sind davon überzeugt, dass die Ernährung bei Naturvölkern optimal ausgewogen ist. Das große Geschäft habe dann eine Konsistenz, bei der gar kein Papier nötig ist. Klingt erst einmal gut, doch Magen-Darm-Infekte ereilen sicher jeden irgendwann. Im Urwald findet man dafür überall große Blätter. Doch wie lösen Naturvölker in Wüstenregionen mit einer Vegetation, die von Kakteen beherrscht ist, das Problem?

In Deutschland würde das papierlose Klo ganz sicher nicht viele Anhänger finden. Das kann man zu Hause ausprobieren, indem man einfach mal die gewohnten Papierrollen aus der Toilette entfernt. Mit an Sicherheit grenzender Wahrscheinlichkeit wird sich dann der nächste Besuch durch die geschlossene Toilettentür zu Wort melden: »Entschuldigung, bei euch ist das Papier alle.«

Beobachten Sie doch mal die Reaktion auf folgende Antwort: »Nein, das Papier ist nicht alle. Wir haben seit kurzem ein papierloses Klo.«

Bleibt die Frage, wie man in Deutschland im Jahr 1850 nur mit rund einem Kilogramm Papier auskommen  konnte. Eine Rolle Klopapier wiegt bereits etwa 120 Gramm. Ein Kilogramm Papier reicht nicht einmal für zehn Rollen. Damit wären wir heute schon vor Ostern am Ende. Möglicherweise war ja das Toilettenpapier vor gut 150 Jahren streng rationalisiert: »Hey, bitte nur ein Blatt pro Sitzung!«

Die Wahrheit lässt einige heute erst einmal staunen: Im Jahr 1850 gab es bei uns noch gar kein Klopapier. In China verwendete man in wohlhabenden Kreisen zwar schon vor einigen Jahrhunderten Papier für den Toilettengang. Das war aber handgefertigte Luxusware. Der Beginn des fabrikgefertigten Toilettenpapiers in den USA datiert auf das Jahr 1857. Die erste deutsche Toilettenpapierfabrik wurde gar erst im Jahr 1928 in Ludwigsburg gegründet. Martin Luther, Werner von Siemens und Konrad Duden haben in ihrem Leben wahrscheinlich niemals Klopapier benutzt.

Heute spülen wir durchschnittlich 46 Rollen pro Person und Jahr den Abfluss hinunter. In den Nachkriegsjahren, in denen zwar Klopapier schon bekannt, aber dennoch knapp war, erfolgte eine ganz besondere Recyclingwirtschaft. Zeitungen wurden in handliche Stücke geschnitten, gelocht und mit einem Faden zusammengebunden neben das Klo gehängt. Eine Wiederbelebung dieser

Papier für das ganz große Geschäft

Recyclingmethode ist heute jedoch auch von einge-fleischten Umweltschützern nicht zu befürchten. Eine Rolle Klopapier ist eben doch erheblich wertvoller als eine Boulevardzeitung.

Moderne Recyclingverfahren ermöglichen es aber, aus einer Boulevardzeitung eine Rolle hautfreundliches Toi-lettenpapier herzustellen. Leider nutzen nicht alle Toilet-tenpapierhersteller diese technischen Möglichkeiten. Schuld ist wieder einmal der Kunde. Der möchte lieber weißes, flauschiges Papier aus frischem Zell-stoff. In der Tat, manches Recycling-papier ist sicher zum Abgewöhnen. Vor allem in öffentlichen Einrichtungen er-kennt man nur an den fehlenden bunten Bildern, dass es sich bei dem dunkelgrau gerollten Etwas um Klopapier und nicht doch um eine Boulevardzeitung handelt.

Daran scheiterte auch der erste Versuch der umwelt-freundlichen Toilettenpapierumstellung in meiner Ju-gend. »Du kannst dir den Hintern gerne alleine aufrei-ßen«, beendete mein Vater diese Aktion. Dabei vermit-telte einem der Anblick des Blauen Engels auf der Klo-papierverpackung wirklich ein gutes Gewissen. Erst ei-nige Jahre später kam hochwertigeres Recycling-Klo-papier auf den Markt. Dessen Komfort unterscheidet sich nur noch unwesentlich von herkömmlicher Ware. Ein Hersteller reservierte sich einen besonderen Namen und druckte diesen auf jedes fünfte Toilettenpapier. Seit dem sagt das Papier artig »Danke« für den umweltfreundli-chen Einsatz.

Erstaunlicherweise ist die Erfindung des Recyclingpapiers älter als die der Klopapierrolle. Die Wiederverwendung des Papiers geht bereits auf das Jahr 1774 zurück. Damals veröffentlichte der deutsche Jurist Justus Claproth eine Schrift mit dem Titel »Eine Erfindung, aus  gedrucktem Papier wiederum neues Papier zu machen«. Dass man auf seine Erfindung einmal »Danke« draufschreiben würde, um sie dann das Klo herunterzuspülen, hatte er sicher nicht geplant. Aber er kannte ja auch noch kein Klopapier. Herr Claproth entfernte bei seiner Erfindung mit Hilfe von Terpentinöl und Wascherde die Druckerschwärze. Er legte damit den Grundstein für moderne Deinking-Verfahren, die aber erst lange nach seiner Zeit im großen Stil zum Einsatz kommen sollten.

Heute funktioniert in Deutschland das Papierrecycling vergleichsweise gut. Rund drei Viertel des verbrauchten Papiers sammeln wir Jahr für Jahr wieder als Altpapier ein. Kein Wunder: Beim Müllsammeln und -sortieren sind wir bekanntermaßen weltmeisterlich. Rund drei Milliarden Kilogramm an Altpapier gehen jedes Jahr in den Export. Schließlich sind wir ja auch Exportweltmeister. Auf der anderen Seite importieren wir wieder nahezu die gleiche Menge aus anderen Ländern. Das nennt sich dann Globalisierung. Da andere Länder das Sammeln nicht so gut beherrschen wie wir, gab es in den Wirtschaftsboomjahren bis 2008 einen stark steigenden globalen Altpapierbedarf und explodierende Preise. Als Folge wurden mancherorts den Haushalten in Deutschland blaue Tonnen von unterschiedlichen Verwertern geradezu aufgedrängt. Mit Altpapier ließ sich richtig Geld verdienen. Mit der Wirtschaftskrise brachen aber auch die weltweite Altpapiernachfrage und damit die Preise ein. Nun war Altpapier wieder im Übermaß vorhanden.

Grund genug, über den Altpapiereinsatz in Deutschland kreativ nachzudenken. Der funktioniert je nach Einsatzbereich unterschiedlich gut. Während Wellpappen und Zeitungspapier hierzulande fast vollständig aus Altpapier bestehen, ist der Altpapiereinsatz beim Toilettenpapier, Schreibpapieren und grafischen Papieren eher rückläufig. Der Zenit des Umweltschutzes scheint hier schon  überschritten. In den 1990er-Jahren streckte einem der Blaue Engel von vielen ökograuen Schulheften seine ausgebreiteten Arme entgegen. Recyclingpapier hatte hier Marktanteile von weit über 50 Prozent. Das graue Papier war »in«, sozusagen der Inbegriff des Umweltschutzes. Viele verschiedene Umweltgruppen kämpften seinerzeit für die Verwendung von Recyclingpapier.

Auch Studenten setzten sich für den vermehrten Einsatz von Recyclingpapier in den Hochschulen ein. Ich war zu meiner Studentenzeit in der Fachschaft aktiv. Die verlieh alte Klausuren zum Kopieren. Copyshops waren damals meist skeptisch, was den Einsatz von Recyclingpapier in ihren Kopierern betraf. »So etwas machen wir nicht«, bekam man oft mürrisch auf Fragen nach grauem Papier zu hören. Doch Studenten haben eine ungeheure Macht. Mit diesem Bewusstsein statteten wir alle Klausuren mit einem deutlichen Hinweis auf der Frontseite aus: »Recyclingpapier spart Wasser, Energie und Rohstoffe und lässt sich auch bei Kopierern verwenden. Fragt einfach das freundliche Personal in eurem Copyshop!« Einige Wochen später streckten offensichtlich die massiv heimgesuchten Copyshops entnervt die Fahnen. Der größte Copyshop gegenüber der Hochschule hängte sogar ein Plakat auf: »Wir kopieren auch auf Recyclingpapier.«

Inzwischen sind viele Jahre vergangen und das Plakat hängt schon lange nicht mehr. »So etwas machen wir nicht«, bekommt man heute wieder oft mürrisch zu hören. Auch wer sonst der Umwelt durch den Kauf von Recyclingpapieren etwas Gutes tun möchte, hat es wesentlich schwerer als vor 20 Jahren. Schulhefte mit Blauem Engel findet man nur noch in Spezialgeschäften. Wer schnell mal bei der Ladenkette nebenan ein Heft mitnehmen möchte, hat gar keine Chance mehr, ökologisch einzukaufen. Druckerpapiere für den heimischen Laser- oder Tintenstrahldrucker strahlen fast immer in grellem Weiß. Zum Glück hilft heute wenigstens noch das Internet den wenigen verbliebenen Recyclingpapierkäufern.

Auch alte Vorurteile begegnen einem wieder. Laserdrucker gingen angeblich durch die enorme Staubentwicklung von Recyclingware kaputt, und bei Tintenstrahldruckern verlaufe die Tinte wie auf einem Löschpapier. Und dann zerfalle Recyclingpapier nach einigen Jahren von selbst – absolut ungeeignet für die Archivierung.

Solche Vorurteile sind allerdings völlig unbegründet. In Deutschland wird bekanntermaßen alles geregelt und genormt. Wir sind ein Volk, das Normradien für Salatgurken festlegt. Die Alterung von Recyclingpapier sollten wir daher auch in den Griff bekommen, was eine entsprechende DIN-Norm belegt. Bei modernen Druckern lassen sich mit qualitativ hochwertigen Recyclingpapieren die gleichen Druckergebnisse wie mit neuem Papier erzielen.

Bei Papier aus Frischfasern halten möglicherweise sogar die letzten Urwaldbäume für schnelllebige Probeausdrucke her. Wer sich partout nicht an die dezente Graufärbung von Recyclingpapier gewöhnen möchte, kann auf sogenanntes FSC-zertifiziertes Papier zurückgreifen, sofern man dies nach langer Suche endlich in einem Spezialgeschäft findet. Das stammt dann im Regelfall aus umweltfreundlicherem Plantagenholz, ist aber meist auch deutlich teurer. Diese Möglichkeit gab es immerhin vor 20 Jahren noch nicht. Doch das tröstet die Umweltaktivisten der 1990er-Jahre wenig. Sie sehnen sich nach den Zeiten zurück, in denen der Blaue Engel einem überall beim Papierkauf ein gutes Gewissen bescherte.

Recyclingpapier
Ab einem Anteil von 80 Prozent an recyceltem Papier darf ein Produkt laut Gesetz die Aufschrift »aus 100 Prozent Altpapier« tragen. Strenger sind die Kriterien des Blauen Engels. Hier sind in 100 Prozent Altpapier in der Regel auch 100 Prozent Altpapier drin. Gegenüber Frischfaserpapier spart man mit einem Kilogramm Recyclingpapier drei Kilogramm Holz, 32 Liter Wasser, sechseinhalb Kilowattstunden Energie und rund 200 Gramm Kohlendioxid ein.

Weißegrad

Durch Sortierung der Papierrohstoffe und durch Bleichen lassen sich auch bei Reyclingpapier unterschiedliche Weißegrade erzielen. Der Weißegrad kann nach verschiedenen Normen wie ISO oder CIE bestimmt werden.

Wer mit richtig grauem Papier sein Umweltbewusstsein demonstrieren möchte, sollte einen Weißegrad von 60 nach CIE bevorzugen. Auch »70 CIE« ist noch relativ grau. Papier mit »90 CIE« hat eine angenehme Eierschalenfarbe. Papiere mit Werten von deutlich über »100 CIE« sind kaum mehr von Frischfaserpapier zu unterscheiden.

FSC-Papier

FSC steht für »Forest Stewardship Council«. Das ist eine internationale gemeinnützige Organisation, die ein System zur Zertifizierung nachhaltiger Forstwirtschaft betreibt. Für die Herstellung von FSC-Papier müssen zwar auch Bäume das Zeitliche segnen. Dies erfolgt aber so, dass die Vielfalt der Pflanzen und Tiere erhalten bleibt und Rücksicht auf die sozialen Interessen der Menschen genommen wird.

www.initiative-papier.de
www.treffpunkt-recyclingpapier.de

Papier für das ganz große Geschäft

Das kommt mir nicht in die Dose

Die Bierdose ist zum Synonym einer fehlgeleiteten Verpackungskultur geworden. Zu Großmutters Zeiten war alles besser: Die Milch wurde in Kannen geliefert. Das Wasser trank man aus der Leitung, und Wein gab es in Flaschen. Heute füllen wir unsere Getränke in immer minderwertigere Verpackungen und kredenzen selbst edlen Wein aus der Tüte.

Dosenbier ist ökologisch nicht korrekt, aber Dosenbier ist Kult. Es gibt bereits Fanclubs, und eine deutsche Rockband textet sogar »Dosenbier macht schlau«. Doch die Zeiten für Dosenbiertrinker sind schwer geworden. »Hilfe. Wo gibt es denn noch Dosenbier??«, lautete eine verzweifelte Frage in einem Internetforum. Schnell hatte ein anderer User eine hilfreiche Antwort parat: »Im Geschäft.« »Kluge und richtige Antwort!«, freute sich der Ratsuchende. »Kleine Zusatzfrage bitte: In welchem Geschäft?«

In der Tat sucht man heute in vielen Läden erfolglos nach dem Bier in der Dose. Gingen vor der Einführung des Dosenpfands Anfang 2003 in Deutschland noch rund sieben Milliarden Getränkedosen über den Ladentisch, brach der Verkauf danach stark ein. Viele Freunde fand das Dosenpfand allerdings nicht. Unter großem Geschrei war der amtierende grüne Umweltminister schnell als Buhmann ausgemacht. Dabei wurde das Dosenpfand bereits von seinem Vor-Vorgänger mit der Verpackungsverordnung im Jahr 1991 angedroht. Weil der Mehrweganteil bei Getränken seitdem stetig abnahm, fielen im Jahr 2003 viele Einweggetränkepackungen unter die Pfandpflicht. Der Handel und die Verpackungsindustrie waren wenig begeistert und setzten die Verordnung nur  widerwillig um. Die Folge war ein heilloses Durcheinander. Meist konnte man die Dose nur in dem Laden abgeben, wo man sie gekauft hatte. Das erwies sich nicht immer als sehr praktisch. »Schatz, ich bring dann mal die Bierdosen zurück. Ich bin übermorgen wieder zurück. Soll ich dir was aus München oder Stuttgart mitbringen?« Erst seit April 2006 ist das Chaos beendet. Wer Getränke in Einwegverpackungen verkauft, muss seitdem auch ähnliche Verpackungen von anderen Anbietern zurücknehmen.

Aufgrund der wachsenden Marktanteile der Discounter haben Einweg-PET-Flaschen ihren Siegeszug angetreten. Viele Käufer gehen gutgläubig davon aus, dass wo Pfand drauf ist, auch Mehrweg drin ist. Die Tatsache, dass die meisten Kunststoffflaschen pfandpflichtig sind, bedeutet aber nicht, dass es sich bei ihnen um Mehrwegflaschen handelt. In Wirklichkeit gibt es PET-Flaschen als Einweg- oder Mehrwegprodukte. Die Mehrwegflaschen sind etwas stabiler und lassen sich rund zwanzigmal wiederbefüllen. Die wabbeligen Einwegflaschen werden hingegen geschreddert und dann zu neuen Behältnissen verarbeitet – manchmal zumindest. Oft werden die gehäckselten Flaschenreste »thermisch verwertet«. Unser Restmüll mag nämlich durch das Aussortieren der Verpackungen in den Müllverbrennungen nicht mehr so richtig brennen. Darum eignen sich die Flaschenreste optimal zum Zufeuern. Kein Wunder, dass ausländischer Müll bei unseren Verbrennungsanlagen so beliebt ist. Hier sind die Plastikflaschen gleich mitenthalten. Dadurch brennt der Müll dann auch wie von selbst. Wir Deutschen haben aber bewusst unseren eigenen Weg gewählt. Wir sammeln die Flaschen und bringen sie in den Laden zurück, bevor sie in der Müllverbrennungsanlage landen. Natürlich könnte man sie – wie in vielen anderen Ländern – auch viel einfacher direkt im Hausmüll entsorgen. Da wir aber so gerne Müll trennen und dabei ein gutes Umweltgewissen haben, wäre das nur halb so schön.

In regelmäßigen Abständen gerät die PET-Getränkeflasche auch in die Kritik, weil Inhaltsstoffe aus der Verpackung auf die Getränke übergehen sollen. Acetaldehyd versaut zum Beispiel in geringen Konzentrationen den Geschmack und ist in hohen Dosen gesundheitsschädigend. Darum wurden anfangs nur zuckerhaltige Limonaden in Kunststoffflaschen gefüllt. Da fällt der Beigeschmack nicht so auf. Heute haben die Flaschenhersteller das Problem weitgehend im Griff und selbst stilles Wasser bleibt einige Monate genießbar. Jüngst wurden dann östrogenhaltige Substanzen nachgewiesen. »Prima«, könnte man sich denken. »Da spart man sich beim Wassertrinken auch gleich noch die Empfängnisverhütung.« Klappt aber leider nicht, meint das Bundesinstitut für Risikobewertung. Dazu ist die Konzentration nämlich viel zu gering.

Ziel des Pfands auf Einweg-Getränkeverpackungen war eigentlich, den Verkauf von Mehrwegflaschen wieder anzukurbeln. Das ist aber nur beim Bier gelungen, denn wer will schon Bier aus einer wabbeligen Kunststoffflasche trinken! Zahlreiche Studien haben mittlerweile untersucht, welche Getränkeverpackungen die geringsten Umweltauswirkungen haben. Ganz vorne liegen PET- und Glas-Mehrwegflaschen. Glas ist haltbarer – wenn es nicht gerade herunterfällt – und lässt sich öfter befüllen. Kunststoff ist leichter, und das spart Treibstoff beim Transport. Je nach Transportentfernung hat entweder die PET- oder eben die Glas-Mehrwegflasche die Nase vorne. Im Mittelfeld rangieren PET-Einwegflaschen und Getränkekartons. Ganz abgeschlagen sind Metalldosen und Einweg-Glasflaschen.

Die guten alten Milchschläuche, die früher einmal modern waren, gibt es leider fast gar nicht mehr. Dabei war es immer ein Abenteuer, den Schlauch anzuschneiden und die Milch einzugießen, ohne eine riesige Sauerei zu veranstalten. Heute können bestenfalls einige Getränkekartons diese Aufgaben übernehmen. Inzwischen sind die meisten mit einem Verschluss ausgestattet, der einem

Das kommt mir nicht in die Dose

den Umgang erleichtern soll. Manch ein Verschluss erinnert aber eher an die Sicherheitsvariante von Medizinflaschen. Hier muss manchmal sogar schweres Werkzeug zum Einsatz kommen, damit die Milch nicht vor dem Öffnen sauer wird.

Getränkekartons und Dosen haben einen weiteren entscheidenden Nachteil: Man kann nicht sehen, wie viel noch drin ist. Bei Glas- oder Kunststoffflaschen ist hingegen die Füllstandsanzeige miteingebaut. Übrigens sollte man immer eine leere Flasche im Haus haben. Die kann man dann dem Besuch anbieten, wenn der mal gar nichts trinken will.

PET

PET steht für Polyethylenterephthalat und ist ein hitzeverformbarer Kunststoff. Im Jahr 1990 wurden in Deutschland PET-Flaschen durch die Coca-Cola Company eingeführt. PET ist gut recycelbar. Es ist auch leichter und bruchsicherer als Glas.

Getränkedosen

Die Idee, Getränke in Konservendosen zu füllen, stammt aus den USA. Während der Prohibitionszeit war das eine gute Möglichkeit, den verbotenen Alkohol zu tarnen. Die ersten Bierdosen wurden dann 1933 offiziell verkauft und mit einem Dosenöffner ausgeliefert. Heute bestehen Dosen aus Aluminium oder Weißblech. Für die Herstellung wird vergleichsweise viel Energie benötigt.

Verpackungsverordnung

Die Verordnung stammt aus dem Jahr 1991 und wurde mehrfach geändert. Sie regelt die Rücknahme- und Pfandpflicht für Verpackungen. Seit 2003 sind auch Einweg-Getränkeverpackungen mit 25 Cent pfandpflichtig.

Ausgenommen sind Frucht- und Gemüsesäfte, Milch oder Milcherzeugnisse, Diätgetränke sowie Wein und Spirituosen. Auch für Kartonverpackungen und Schlauchbeutel gibt es keine Pfandpflicht. Wer dem Dosenpfand entgehen möchte, hat auch in Schweden, Norwegen, Dänemark, Estland, Australien und einigen Staaten der USA schlechte Karten. Im US-Bundesstaat Oregon wurde das Dosenpfand sogar schon im Jahr 1972 eingeführt.

www.mehrweg.org
www.forum-pet.de
www.bmu.de/abfallwirtschaft/
    verpackungsverordnung/

Wenn der Akku dauernd leer ist

Schon lange geben Batterien unserem Leben die nötige Freiheit. Ohne Batterie ließe sich unser Auto nicht starten, könnten wir nicht zwischen Fernsehprogrammen hin- und herzappen, bliebe unser MP3-Player stumm und könnte man beim Telefonieren nicht planlos durch die Wohnung irren. Batterien sind der Motor unserer Individualgesellschaft. Haben sie dann das Zeitliche gesegnet, landen sie oft irgendwo – nur nicht da, wo sie hingehören. Und der Batteriewahn nimmt immer mehr zu.

Bei uns gibt es eine große Schublade. Die ist randvoll mit Batterien verschiedenster Bauarten, vollen und leeren Akkus und einem Sammelsurium unterschiedlichster Akkuladegeräte. Mit dem Batteriemanagement ließe sich bei uns prima eine Teilzeitkraft beschäftigen. »Papa, kannst du mal schauen, die Klingeling ist kaputt.« Das bedeutet so viel wie: »Die Batterie in der Geräusche machenden Spielzeugeisenbahn ist wieder einmal leer.« Meine Aufgabe ist, mich umgehend in den Keller zu begeben, die Eisenbahn fachmännisch zu zerlegen und die Batterie zu tauschen. Da der Verbrauch an Einwegbatterien der Eisenbahn astronomische Höhen erreicht hatte, wurde die Batterie bei uns durch einen Akku ersetzt. Der ist nun auszubauen, aufzuladen und wieder einzubauen.

Im Keller komme ich jedoch gar nicht erst an. »Papa, kannst du mal schauen, mein MP3-Player geht nicht mehr.« Der MP3-Player hat glücklicherweise von vorneherein einen Akku mit Stecker zum Aufladen und muss nicht zerlegt werden. Leider lässt sich der Akku nur über ein USB-Kabel wieder fit machen, wozu ich den Rechner  hochfahren muss. Ich wäge also ab, ob ich zuerst in den Keller oder das Arbeitszimmer gehen soll, komme aber mit meinen Überlegungen nicht weit. »Schatz, hast du mein Handyladegerät gesehen? Mein Akku ist leer. Und übrigens, wenn du mal Zeit hast, kannst du bitte nach der Fernbedienung, der Funkmaus und dem Milchschäumer schauen? Die spinnen alle seit gestern.«

Manchmal frage ich mich, ob unsere Eltern ähnlichen Problemen ausgesetzt waren. Vermutlich nicht. Unser erster Fernseher hatte nicht einmal eine Fernbedienung. Mobiltelefone und tragbare Musikgeräte waren unbekannt. Die Milch wurde noch ganz ungeschäumt getrunken, und meine Spielzeugeisenbahn lief über einen Trafo mit Strom aus der Steckdose.

Auch Uhren laufen heute nicht mehr ohne Batterien. Die gute alte Armbanduhr zum Aufziehen oder mit komfortabler mechanischer Schüttelautomatik gibt es heute fast gar nicht mehr. Stattdessen haben sogar Uhren mit Netzteil eine Stützbatterie, falls einmal in fünf Jahren der Strom ausfällt. Selbst Schwangerschaftstests kommen nicht mehr ohne Batterie aus. »Sie sind schwanger«, steht neuerdings gut lesbar im Display, und man muss nicht mehr warten, ob ein oder zwei Streifen erscheinen. Damit haben dann der Test und die Batterie bereits ihre Schuldigkeit getan.

Kein Wunder, dass der Verbrauch an Batterien in den letzten Jahren nahezu explodiert ist. Über eine Milliarde

Batterien gehen allein in Deutschland jedes Jahr über den Ladentisch, rund 40 Prozent mehr als noch im Jahr 1999.

Plausible Gründe für den Batteriewahn zu finden, ist ein schweres Unterfangen. Es gibt in Deutschland nämlich kaum einen Ort, an dem nicht eine Steckdose in greifbarer Nähe wäre. Strom aus Batterien ist außerdem sündhaft teuer. Um eine sparsame Waschmaschine einmal laufen zu lassen benötigt man rund eine Kilowattstunde an elektrischer Energie. Um diese Energiemenge zu speichern, bräuchte man 280 gewöhnliche Mignon-Haushaltsbatterien der Baugröße »AA«. Wären wir überall auf Batterien angewiesen, wäre das Leben oft deutlich schwerer. »Schatz, kannst du schnell mal 600 Batterien kaufen gehen? Ich will zwei Waschmaschinen laufen lassen. Wenn du wieder mit Karte zahlst, schau aber vorher nach, ob diesmal noch genug auf dem Konto ist.« Wie gut, dass jemand die Steckdose erfunden hat.

Der Grund für unsere zunehmende Batteritis liegt also nicht in der Ökonomie oder der katastrophalen Versorgungslage. Ursache ist vielmehr unser Drang zu Mobilität und grenzenloser Freiheit. Die Batterie liefert uns einen Teil dieser Freiheit, indem sie uns von lästigen Kabeln und Verbindungen erlöst. Nichts symbolisiert das besser als der Begriff Handy. Der stammt bekanntermaßen aus dem Schwäbischen und drückt das Erstaunen über das erste Mobiltelefon aus: »Han-dy koi Schnua?« »Ha noi, die häm jetscht a Batterie.«

Für die Umwelt entwickelt sich unser Batterieberg zum Problem. Cadmium, Blei, Quecksilber, Schwefelsäure – alles, was das Herz eines Toxikologen höher schlagen lässt, findet sich in großen Mengen in Batterien. Und sind diese erst einmal leer, landen sie meist im Hausmüll. Da gehören sie aber eigentlich gar nicht hin. Früher oder später geben die Batterien ihre giftigen Inhaltsstoffe frei und die gelangen so in die Luft, den Boden oder das Grundwasser.

Wenn der Akku dauernd leer ist

Darum hat die Politik bereits vor Jahren die so genannte Batterieverordnung erlassen. Damit sollen alle Batterien, die ihr Leben ausgehaucht haben, gesammelt und recycelt werden. Während die Wiederverwertung technisch schon recht gut funktioniert, hapert es beim leichteren Teil der Übung: dem Einsammeln von Altbatterien.

In den ersten Jahren war der Sammelerfolg recht mager. In vielen Geschäften sollen spezielle Sammelboxen zur Rückgabe gebrauchter Batterien animieren. Zwar steigt von Jahr zu Jahr die eingesammelte Menge an Batterien. Ein großer Teil landet aber nach wie vor in der Mülltonne, der Toilette oder einfach am Straßenrand. Was beim Einsammeln von anderen Wertstoffen in Deutschland recht gut funktioniert, ist bei Batterien schwieriger umzusetzen. Das liegt vermutlich an den fehlenden Mülltonnen eigens für Batterien in jedem Haushalt. Eine lila Mülltonne ist aber nicht geplant, und so müssen Batterien umständlich zum Händler oder zu Wertstoffhöfen zurückgebracht werden. Die recht mageren Rücklaufquoten zeigen, dass nicht wenige durch diese Anforderung logistisch überfordert sind.

Einige Batterien werden mit Sicherheit ohne böse Absicht einfach übersehen. Wer denkt schon bei blinkenden Turnschuhen, quietschenden Kinderspielzeugen, dudelnden Geburtstagskarten oder Schwangerschaftstests an die versteckt eingebaute Batterie und deren Entsorgung? Männer, die dieses Kapitel gelesen haben, wissen nun, wie man sich korrekt verhält. Wenn sie künftig fragt: »Oh Gott, oh Gott, ich bin schwanger. Was machen wir bloß?«, lautet die korrekt Antwort: »Erst einmal die Batterie entsorgen!« Ist das Kind dann auf der Welt, wird es noch schwieriger. Die blinkenden Turnschuhe passen nämlich meist nicht in die Batteriesammelboxen im Supermarkt. Bleibt abzuwarten, wie die geforderten Recyclingquoten der Politik erreicht werden sollen. Vielleicht kommt eines Tages für alle Batterien das Batteriepfand oder gar doch die lila Tonne.

Die Energiebilanz einer Batterie ist vernichtend. Allein für die Herstellung wird rund einhundertmal mehr  Energie benötigt als in einer vollen Batterie gespeichert ist. Wiederaufladbare Batterien – kurz Akkus – können den Müllberg reduzieren, so die Umwelt entlasten und den Herstellungsenergiebedarf senken. Ganz nebenbei helfen sie auf längere Sicht, auch noch den Geldbeutel zu schonen. Akkus sind also klasse.

Die richtige Wahl eines Akkus und der Feldeinsatz setzten aber eine gewisse technische Vorbildung und eine ausgeklügelte Logistik voraus. Der Handel hat nämlich verschiedene Akkutypen zur Wahl. Die aus dem Auto bekannten Bleibatterien sind für andere Anwendungen meist zu schwer. Durch die Bleibatterie würde der Laptop zum Schlepptop. Nickel-Cadmium-Akkus sind extrem giftig und böse und haben außerdem noch den berüchtigten Memoryeffekt. Das bedeutet, der Akku merkt sich, wenn er falsch behandelt wurde und verweigert dann beleidigt den Dienst. Nicht wenige Akkuschrauber von Discountern überstehen daher nicht einmal eine Handvoll Großeinsätze. Sie landen dann frustriert in der Mülltonne und vermasseln so die Rücklaufquote.

So genannte Nickel-Metall-Hydrid-Akkus sind zwar nicht ganz so nachtragend. Vor allem ältere Modelle haben dafür aber eine hohe Selbstentladerate. Das bedeutet, sie sind immer leer, wenn man sie braucht. Immerhin konnten einige Batteriehersteller in diesem Punkt inzwischen deutliche Verbesserungen erzielen. Bleibt noch die Geheimwaffe: der Lithium-Ionen-Akku. Der ist teuer und neigt auch mal zum Brennen oder Explodieren. Er hat aber ansonsten sehr gute technische Eigenschaften. Das mit dem Brennen hat die Batterieindustrie nach einigen Laptop-Rückrufaktionen inzwischen mehr oder weniger im Griff. Die Selbstentladung ist gering. Das bedeutet aber nicht, dass der Akku immer voll bleibt, auch wenn man ihn nicht von Zeit zu Zeit wieder auflädt. Hier ist vorausschauendes Laden gefragt – oder für etwas planlosere Zeitgenossen einfach nur ein zweiter Akku.

Der Lithium-Ionen-Akku gilt sogar als Geheimwaffe, um spritdurstige Autos zu ökologisieren. Mit Solar- und Windstrom aufgeladen, soll er Elektromotoren umweltfreundlich zur nötigen Reichweite verhelfen. Damit könnte er die aus Umweltgründen in Ungnade gefallenen Benzin- und Dieselmotoren verdrängen. Da momentan der Batteriesatz für eine ans Urlaubsziel reichende Tankfüllung noch teurer als ein herkömmliches Auto selbst ist, wird bis zur Erfüllung dieses Traums aber noch einige Zeit vergehen. Immerhin sind bereits einige vielversprechende Prototypen auf dem Markt. Batterien und Akkus sind also nicht nur ökologische Übeltäter, sondern zugleich auch Umwelthoffnungsträger.

Nicht für alle sind die Errungenschaften unseres Batteriezeitalters ein Genuss. Vor kurzem musste ich bei einer S-Bahnfahrt die Lebensgeschichte einer Sitznachbarin zehn Stationen lang ertragen. Die hat sie zwar nicht mir direkt, sondern irgendeiner Freundin am Handy erzählt. In der S-Bahn macht das aber kaum einen Unterschied. Kurz bevor ich mit den Nerven völlig am Ende war, nahm das Gespräch allerdings eine unerwartete Wendung. »Du Susi, ich glaub' ich muss jetzt Schluss machen, mein Akku ist fast alle – Susi, Susi, hörst du mich noch? Nein?« Inzwischen glaube ich, einige Batterien haben eine grüne Seele und ein Herz für lärmgeschädigte Großstädter.

Bleiakkumulator (Pb-Akku)
Der Bleiakku wird vor allem als Starterbatterie in Autos verwendet. Da er – wie der Name schon sagt – bleischwer ist, eignet er sich nicht für leichte, mobile Anwendungen wie Laptops oder Handys.

Nickel-Cadmium-Akkumulator (NiCd-Akku)
Der NiCd-Akku wurde früher häufig verwendet, da er leichter als der Bleiakku ist. Das enthaltene Cadmium ist ein sehr giftiges Schwermetall. Daher ist dieser Akku mit einigen Ausnahmen mittlerweile in der EU verboten.

Nickel-Metallhydrid-Akkumulator (NiMH-Akku)
Der NiMH-Akku hat inzwischen weitgehend den NiCd-Akku abgelöst. Er ist deutlich weniger giftig und zudem noch leichter. Vor allem ältere NiMH-Akkus entladen sich recht schnell wieder von selbst.

Lithium-Ionen-Akkumulator (Li-Ionen-Akku)
Der Li-Ionen-Akku ist der Star unter den wiederaufladbaren Batterien.

Er ist noch einmal leichter als der NiMH-Akku, was ihn für alle mobilen Anwendungen interessant macht. Momentan ist der Li-Ionen-Akku aber noch relativ teuer.

ZEBRA-Batterie
Die Natrium-Nickelchlorid-Batterie hat ein ähnliches Gewicht wie der Li-Ionen-Akku. Sie arbeitet sehr zuverlässig, braucht aber zum Betrieb eine Temperatur von 300 Grad Celsius. Ihr südafrikanischer Erfinder Johan Coetzer gab ihr den Namen seines Lieblingstieres – gut, dass das kein Warzenschwein war.

www.grs-batterien.de

Vegetarier und Müsliesser

Sind Vegetarier die besseren Menschen, leben Müsliesser kerngesund? Einige Normalkostesser ereilt ein schlechtes Gewissen, wenn sie auf Fleischverweigerer treffen. Schließlich haben auch sie ein Herz für Tier und Umwelt. Andere finden die Andersartigkeit einfach nur verwunderlich.

 Reichhaltige Buffets bei beruflichen oder privaten Anlässen gehören zu den interessanten gesellschaftlichen Events. An kleinen Partytischen stehen sich dann nicht selten Wildfremde gegenüber und verspeisen ihre Eroberungen vom großen Gabentisch.

»Sie haben ja gar nichts vom leckeren Rehbraten?«, sprach mich kürzlich ein korpulenter Mittvierziger an und schob sich dabei einen dicken Brocken Damwild in den Mund. »Nein«, antwortete ich und stocherte im matschigen Salat auf meinem Teller. »Sie sind wohl Vegetarier?«, folgerte er messerscharf und schob das nächste große Stück Fleisch hinterher. »Ja«, bestätigte ich beim Zerteilen einer Karotte. »Das ist gut! Ich esse eigentlich ja auch nur selten Fleisch.«

Bei solchen Szenen erschleicht mich stets ein Déjà-vu. Mir sind die Ernährungsgewohnheiten von anderen Menschen ziemlich egal – denen aber meine offenbar nicht. Die Tatsache, dass ihr gerade kennengelerntes Gegenüber sich fleischlos ernährt, scheint die meisten Menschen geradezu zu Kommentaren zu verpflichten. Als Vegetarier muss man sich selbst erst gar nicht offen dazu bekennen. Prinzipiell kann man die Reaktionen in zwei Gruppen unterteilen. Die einen äußern sich zustimmend. Für sie ist ein Vegetarier offensichtlich ein besserer Mensch. Dabei betonen sie stets, dass sie selbst nur wenig Fleisch essen. Als Teilzeitvegetarier gehören sie dann ja ebenfalls zu den Guten. Die anderen haben offensichtlich ein echtes Problem mit meinen Ernährungsgewohnheiten: »Also, ich könnte das ja nicht, so ganz ohne Fleisch. Und Sie essen wirklich gar kein Fleisch, auch nicht manchmal?«

Wenn man auch diese Frage bejaht, wird nachgelegt: »Sie wissen sicher, dass Fleisch gesund ist. Wer sich lange Zeit ohne Fleisch ernährt, muss mit Mangelerscheinungen rechnen.« »Ja, ja. Ich fühle mich auch schon ganz schlecht.«

Rund zwei Prozent der westlichen Bevölkerung leben rein vegetarisch. In Indien sind es sogar 40 Prozent. Es ist wahrlich ein Wunder, wie Indien so ein größeres Wirtschaftswachstum als Deutschland erzielen kann. Aber eigentlich möchte ich gar nicht über meine Ernährungsgewohnheiten diskutieren. Ich bin damit zufrieden.

Richtig ist, dass Fleisch bestimmte Vitamine wie B12 enthält, die in pflanzlichen Lebensmitteln kaum vorkommen. Wer auf Fleisch verzichtet, aber Milchprodukte oder Eier isst, kann das gut ausgleichen. Selbst beim kompletten Verzicht auf tierische Lebensmittel ist eine Ernährung ohne Mangelerscheinungen möglich. Unter Umständen sollten dann bestimmte Vitaminpräparate die Nahrung ergänzen.

Übermäßiger Fleischkonsum kann hingegen eine Vielzahl an Erkrankungen auslösen. Es sind aber auch schon Fleischesser über hundert Jahre alt geworden. Nach einer Langzeitstudie des Deutschen Krebsforschungszentrums leben Vegetarier um einiges länger als der Bevölkerungsdurchschnitt. Gegenüber Menschen, die nur ab und zu mal Fleisch oder Fisch essen, haben sie hingegen keinen gesundheitlichen Vorteil. Eine ausgewogene Ernährung ist für die Gesundheit demnach wichtiger als Fleischverzicht.

Zu einer ausgewogenen Ernährung gehören bekanntermaßen viel Gemüse, Obst und Ballaststoffe. Hier sind die Vegetarier erst einmal im Vorteil. Das morgendliche Müsli enthält eine geballte Ladung an Ballaststoffen. Müsliesser leben also kerngesund, wenn sie nicht gerade mit Blähungen und anderen Beschwerden kämpfen. Manch einer verträgt beispielsweise den Milchzucker im Müsli nicht. Im Bereich der Ernährung ist eine Verallgemeinerung also schwierig. Im Prinzip müssen wir alle unseren eigenen Weg finden.

Häufig hat eine fleischlose Ernährung ist oft auch eine ethische Komponente. Für eine vegetarische Ernährung müssen keine Tiere sterben und vorher in einer unwürdigen Massentierhaltung dahinvegetieren. Milchprodukte und Eier stammen aber oft auch aus der Massentierhaltung. Würden die Tiere dort nicht auch zur Fleischerzeugung dienen, müsste man warten, bis sie an Altersschwäche sterben. Jeder Vegetarier, der auch Eier und Käse verspeist, müsste konsequenterweise auch altersschwachen Hühnern und Kühen das Gnadenbrot geben. Da ist es manchmal doch vorteilhaft, wenn Nichtvegetarier die Tiere einfach aufessen.

Dennoch, der übermäßige Fleischkonsum vor allem in den Industrieländern führt zu globalen ökologischen Problemen. Für die Fleischproduktion ist eine erheblich größere Fläche nötig als für die pflanzlichen Nahrungsmittel. Schließlich müssen erst einmal Futtermittel angebaut werden. In einigen Regionen reicht das Getreide nicht aus, um die Bevölkerung zu ernähren. Anderswo wird es hingegen großzügig an Nutztiere verfüttert. Um die ganze Menschheit mit den Fleischmengen eines Durchschnittsdeutschen zu versorgen, würden vermutlich die landwirtschaftlichen Flächen gar nicht ausreichen. Also müssen sich zwangsweise einige Menschen fleischlos oder wenigstens fleischarm ernähren.

Weltweit gibt es 1,3 Milliarden Rinder – fünf Menschen teilen sich statistisch gesehen ein Rind. Das Verdauungssystem dieses gigantischen Heeres an Wiederkäuern wie Rindern, Schafen und Ziegen bedroht sogar das Weltklima. Bei der Verdauung von Grünfutter entsteht bei ihnen Methan. Das rülpsen die Tiere dann munter in die Umwelt. Methan ist aber ein weitaus schädlicheres Treibhausgas als Kohlendioxid. Der steigende Fleischkonsum der Menschheit ist daher sogar mit für den Klimawandel mit verantwortlich. Da Hühner und Schweine ein anderes Verdauungssystem haben, sind sie für den Treibhauseffekt deutlich unproblematischer. Aber auch Vegetarier sind vor Klimasünden bei der Ernährung nicht gefeit. Beim Reisanbau entstehen ebenfalls große Mengen an Methan, und Milch, Butter und Käse kommen schließlich auch von der Kuh.

Viele können sich eine fleischärmere Ernährung nicht vorstellen, weil sie das Gefühl haben, dabei auf etwas verzichten zu müssen. Rumpsteak mit Zwiebeln und Kartoffeln ohne Rumpsteak oder Kassler mit Sauerkraut ohne Kassler sind auf Dauer sicher alles andere als ein kulinarischer Hochgenuss. Auch wer in einem traditionellen Restaurant sein Glück versucht, kann bitter enttäuscht werden: »Bedienung! Entschuldigen Sie bitte. Auf der Karte haben Sie gar nichts Fleischloses. Können Sie mir da was empfehlen?« »Wie wär's denn mit der Wurstplatte?« »Ich meinte etwas Vegetarisches.« »Ach so, wir hätten auch Fisch.« »Nein, bitte nichts was schon mal Beine oder Augen gehabt hat.« »Oh, da muss ich mal in der Küche fragen.« Oftmals endet solch ein Restaurantbesuch dann mit einem Beilagenteller und Salat.

Einer meiner kuriosesten Restaurantbesuche als Vegetarier war sicher in einer Churrascaria in Brasilien. Ich hatte in Südamerika einen Gastaufenthalt an einer Universität. Die Gastgeber wollten sich von der besten Seite zeigen und führten mich in ein traditionelles Restaurant aus. Dort ist es Brauch, dass Fleischspieße bis zum Abwinken an die Tische gereicht werden – für einen Vegetarier ein absoluter Volltreffer. Wegen der lockeren Art der Brasilianer hatten wir aber auch extrem viel Spaß, als ich mich als Vegetarier outete. In Deutschland neigen Gastgeber in solch einem Fall eher dazu, peinlich berührt oder gar beleidigt zu sein. Die Salate in Brasilien mit tropischem Obst und Gemüse sind übrigens viel leckerer als in Deutschland.

In den letzten Jahren hat aber auch die Fähigkeit von vielen Restaurants zugenommen, wirklich gute vegetarische Gerichte zu zaubern, die einen Fleisch gar nicht erst vermissen lassen. Auch für zu Hause gibt es kulinarische Alternativen zu klassischen Fleischgerichten. Hier muss man nur einmal in Omas Rezeptkiste kramen. Im Gegensatz zur heutigen Zeit konnte man es sich in den 1950er- und 1960er-Jahren gar nicht leisten, täglich Fleisch auf den Tisch zu bringen.

Manchmal gibt es aber auch glückliche Momente für Vegetarier. Auf längeren Flügen kann man bei etlichen Airlines ein spezielles vegetarisches Essen vor dem Flugantritt bestellen. Meist bekommt man dann das »Special Meal« zuerst serviert. Einmal saß ich in einer Gruppe hungriger Holzklassenpassagiere und hatte als erster leckeren Spargel mit Kartoffeln und frischem Obstsalat als Sonderessen   erhalten.
Als ich schon fast fertig war, bekamen auch die übrigen Passagiere endlich ihr herkömmliches Essen gereicht. Eine Sitznachbarin entfernte die Silberfolie von ihrem Standardessen und blickte missmutig auf eine verbrannte Boulette in pappigem Reis. »Entschuldigung«, sprach sie mich an, »was muss man machen, um so ein schönes Essen wie Sie zu bekommen?« »Ganz einfach«, antwortete ich, »Vegetarier werden.«

Vegetarier selbst kann man prinzipiell in zwei Kategorien unterteilen: Leugner und Radikale. Die Leugner geben ungern öffentlich zu, sich fleischlos zu ernähren. »Ich habe nichts gegen Fleisch. Ich vertrage Fleisch nur nicht so gut«, antworten sie peinlich berührt, wenn sie gefragt werden. Vielleicht wollen sie auch einfach nicht zum dritten Mal an diesem Tag hören, dass ihr Gegenüber eigentlich auch so gut wie nie Fleisch isst. Die Radikalen versuchen hingegen, die Menschheit zu bekehren: »Ihnen ist schon bewusst, dass die Kuh zu Ihrem Steak mit BSE-verseuchtem Tiermehl gefüttert, dann mit Hormonen und Antibiotika vollgepumpt wurde, nie das Tageslicht gesehen hat und dann in einem langen Martyrium quer durch Europa zum Schlachthof gekarrt wurde?« Ich habe allerdings noch nie gehört, dass jemand geantwortet hat: »Oh, wirklich? Das wusste ich ja gar nicht. Dann bin ich natürlich ab heute auch Vegetarier.«

Immer noch nicht geklärt ist die Frage aus der Einleitung, ob Vegetarier bessere Menschen sind. Dazu schauen wir einfach mal in die Geschichte. Zu den bekannten Vegetariern zählen Pythagoras, Leonardi da Vinci, Leo Tolstoi und Mahatma Gandhi. Prima!

Doch um Vegetarier zu werden, gibt es, wie bereits erläutert, viele Gründe. Gandhi ernährte sich aus ethischen Motiven rein vegetarisch – aber auch Adolf Hitler wird gerne zur Gruppe der Vegetarier gerechnet. Er bevorzugte wegen seiner chronischen Verdauungsbeschwerden eine überwiegend fleischlose Diät. Die besseren Menschen sind Anhänger einer fleischarmen Ernährung also ganz sicher nicht. Nun sollte man sich aber auch nicht unbedingt hinter dem schlimmsten Österreicher in der deutschen Geschichte verstecken, um nicht doch durch eine bewusste Ernährung einen kleinen Beitrag zur Umwelt- und Ressourcenschonung zu leisten.

Alles Bio oder was?

*Rinderwahn, Schweinepest, Genmais und pestizidver-
seuchtes Ost und Gemüse können einem so richtig den
Appetit verderben. Kein Wunder, dass der internationale
Markt für Bioprodukte wächst und gedeiht. »Geiz ist
geil« hört scheinbar bei den Lebensmitteln auf, denn
Bioware ist für viele neuerdings der Garant für gesunde
Ernährung.*

Skeptiker mahnen, es sei längst nicht überall »Bio«
drin, wo »Bio« draufsteht. In einigen Punkten haben sie
auch durchaus recht. Das kann man ausprobieren, indem
man »BIO« auf einen Koffer schreibt und ihn am nächsten Flughafen aufs Gepäckband schmuggelt. Am Flughafen wird dann sicher keiner Biolebensmittel im Koffer
vermuten, sondern das gute Gepäckstück nach Bilbao
verfrachten. »BIO« ist nämlich der Flughafencode der
nordspanischen Stadt.

Für Lebensmittel sind die Begriffe »Bio« und »Öko«
hingegen durch die europäische Ökoverordnung gesetzlich geschützt. Um das deutsche grüne achteckige Bio-
siegel zu erhalten, muss man einige Kriterien einhalten.
Mindestens 95 Prozent der Inhaltsstoffe der als biologisch ausgezeichneten Ware müssen auch aus biologischem Anbau stammen. Radioaktive Bestrahlung, Gentechnik, synthetische Pflanzenschutzmittel, Geschmacks-
verstärker sowie künstliche Farbstoffe und Aromen sind
dabei tabu. Außerdem müssen Felder in einer sinnvollen
Fruchtfolge bewirtschaftet werden. Tiere sind artgerecht

zu halten und mit ökologisch produzierten Futtermitteln ohne Antibiotika und Leistungsförderer aufzuziehen. Wer glückliche Kühe haben möchte, muss also »Bio« kaufen. Da der Aufwand bei der biologischen Landwirtschaft auch höher als bei der herkömmlichen Produktion ist, sind Bioprodukte leider meist auch etwas teurer.

Diese genannten Kriterien für Bioprodukte gelten übrigens europaweit und auch für Importware. Nur der Begriff »Bio« ist nicht ganz international. Die korrekte Übersetzung für »biologische Landwirtschaft« heißt auf Englisch »organic farming«, auf Spanisch »agricultura ecológica« und auf Dänisch »økologisk landbrug«. Die Franzosen sagen schließlich »agriculture biologique« oder kurz »Bio« wie die Deutschen. Auch wenn die korrekte Übersetzung von »Bio« nicht immer »Bio« ist, dürfte aber das Wort »Bio« in den meisten Ländern verstanden werden.

Wenn in Europa auf Lebensmitteln also »Bio« drauf steht, sollte üblicherweise auch »Bio« drin sein. Regelmäßige Kontrollen sollen dabei sicherstellen, dass es auch so bleibt. Wer Öko-Produkte herstellt und entsprechend kennzeichnet, muss sich bei einer Art Bio-TÜV anmelden. Im Fachjargon heißt der Bio-TÜV etwas schwerfällig »zugelassene Öko-Kontrollstelle«. Diese kontrolliert die Betriebe mindestens einmal im Jahr nach Voranmeldung und führt unangemeldete Stichprobenkontrollen durch. Mit Sicherheit wird es unter den grünen Bauern auch schwarze Schafe geben. Die Wahrscheinlichkeit, dass Bioprodukte auch wirklich echt sind, ist aber recht hoch.

Alles Bio oder was?

Einzelne Anbieter versuchen, legal von der Biowelle zu profitieren, ohne den Bioaufwand zu betreiben. Ein Beispiel sind Lebensmittel aus so genanntem »kontrollierten Anbau«. Dieser Begriff ist in keiner Weise geschützt und nicht definiert, wer denn da was und wie kontrolliert. Wenn der Landwirt zweimal die Woche über seinen Acker stapft und schaut, ob seine Pflanzen noch stehen, kontrolliert er de facto schon seinen Anbau. Streng genommen stammen somit eigentlich alle Lebensmittel aus kontrolliertem Anbau. »Bio« sind sie damit aber noch  lange nicht. Auch andere umweltfreundlich anmutenden Wortkreationen, die nicht die geschützten Begriffe »Bio« oder »Öko« enthalten, sind genauso wenig aussagekräftig.

Europäische Spitzenreiter beim Kauf von Bioprodukten sind übrigens die Dänen. Immerhin rund drei Prozent der Lebensmittel in Deutschland stammen bereits aus biologischem Anbau. Das war aber nicht immer so. Erst seit in einigen Regionen große Biosupermärkte eröffneten und später auch noch herkömmliche Supermarktketten und Discounter Biowaren in ihr Sortiment aufnahmen, legte der Absatz sprunghaft zu. Vorher war man auf kleinere Bioläden angewiesen.

Wo es auch die nicht gab, versuchten Bio-Foodcoops die Lücke zu schließen. Eine Foodcoop ist eine Einkaufsgenossenschaft, bei der sich mehrere Haushalte zusammenschließen und ihre Ware direkt beim Großhändler beziehen. Auch ich war einige Jahre Mitglied einer Foodcoop. Sie vermittelt einem unmittelbar das Feeling einer grünen Revolution. Durch den Großhandelseinkauf ließen sich Biowaren zu Discounterpreisen beziehen. Und Aldi, Lidl und Co, die sowieso nur ihre Mitarbeiter ausbeuten und bespitzeln, schauten in die Röhre. Zugegeben, der Einkauf war etwas unkonventionell. Unsere Foodcoop hatte einen Kellerraum gemietet, und der war zweimal pro Woche eine Stunde offen. Die Einkäufe musste man durch das Kellerfenster hieven und auch einmal im Monat den Ladendienst übernehmen. Aber immerhin konnte man sich so auch als Student mit knappem Geldbeutel Biowaren satt leisten.

Heute kaufen wir mangels Biosupermarkt in unseren Stadtteil die Bioware bei herkömmlichen Lebensmittelgeschäften und Discountern ein. Wir leben nämlich in einer Biowüste ganz ohne Bioladen im näheren Umkreis. Auch hierbei lässt sich ein gewisser Spaßfaktor entwickeln. Der Bioeinkauf in einem großen herkömmlichen Supermarkt entspricht in Wirklichkeit einer modernen Schatzsuche. Das Biosortiment ist nämlich meist gleichmäßig über die gesamte Ladenfläche verteilt. Oftmals geben einem kleine grüne Schilder an den Regalen aber einen ersten Hinweis – wie bei der Schnitzeljagd. Wenn man dann die andere Ware beiseiteschiebt, stößt man in der Tat auch auf echte Bioprodukte. Nun spurten wir regelmäßig durch sämtliche Reihen und rufen hier und da erfreut auf: »Hurra! Ich hab' wieder was in Bio!« Da jeder Discounter andere Produkte führt, lässt sich die lustige Schatzsuche gleich mehrmals wiederholen. Den Spaß muss man dann aber meist an der Kasse mit einem deutlichen Aufpreis bezahlen.

Ob Bioware vom Discounter der Weisheit letzter Schluss ist, ist bei Umweltschützern sehr umstritten. Das Vertrauen in das Qualitätsmanagement der Billiganbieter ist allgemein nicht sonderlich hoch. Das deutsche Biosiegel verspricht aber unabhängige Kontrollen und entsprechende Qualität. Insofern sollte auch beim Discounter »Bio« drin sein, wenn »Bio« draufsteht. Die kleineren Bioläden können aber nicht mit den Discounterpreisen mithalten. Sie bleiben bei der Entwicklung auf der Strecke. Somit unterstützt man beim konsequenten Kauf im Bioladen nebenan eher das Ladengeschäft selbst. Wesentlich biologischer als im Discounter gegenüber sind die Bioprodukte dort aber oftmals nicht.

Discounter lieben generell ihre Bioware. Darum wird diese oft besonders sorgsam verpackt. Während konventionelle Ware meist lieblos lose in der Obst- und Gemüsetheke oder gar auf dem Krabbeltisch liegt, umhüllt hochwertige Kunststofffolie die kostbareren Produkte. Möglicherweise liegt das aber auch daran, dass konventionelle Ware und Bioprodukte nicht einfach vermischt werden sollen. Dabei dürfte weniger die Sorge im Vordergrund stehen, dass der Verbraucher auch wirklich Bioware bekommt. Die Produkte sind einfach teurer und eine aufwändige Verpackung soll den Betrug an der Waage verhindern. Manchmal ist die Bioware sogar ökologisch korrekt mit Biokunststoff verpackt. Der ist dann kompostierbar. Ich habe mal solch eine Biokunststoff-Verpackung in den Garten gelegt. Es dauert ziemlich lange, bis daraus Kompost entsteht. Vielleicht ist es doch besser, Bioware und konventionelle Produkte in getrennten Geschäften zu verkaufen oder bei Discountern Bioabteilungen mit Extrakassen einzuführen. Dann könnte man auch die aufwändigen Verpackungen reduzieren.

Ein besonderes Erlebnis ist natürlich der direkte Kauf beim Biobauern. Hier ist man quasi seine eigene Öko-Kontrollstelle. Die Ware ist stets frisch. Man kennt das Huhn persönlich, von dem das Ei stammt. Ja, man kann sogar sehen, ob die Kuh, von der die Milch kommt, auch wirklich glücklich ist. Liegt der Bauernhof gleich um die  Ecke, ist diese Art des Konsums in der Tat optimal. Leider wohnen nur die wenigsten von uns direkt neben einem Biobauernhof. Wenn man nur mit dem Auto in einer halben Stunde querfeldein zum Bauernhof gelangt, dabei jede Menge Schadstoffe über den Auspuff in die Umgebung pustet und auch noch zahlreiche Insekten und anderes Getier ins Jenseits befördert, ist die Ökobilanz des Bioeinkaufs bereits vollkommen im Eimer, bevor man überhaupt am Ökobauernhof angekommen ist. Als Trost hat man bei der Rückfahrt jedoch einen Korb voll gesunder Lebensmittel im Gepäck.

Dass man durch Biolebensmittel wirklich seine Gesundheit aufpolieren oder gar sein Leben verlängern kann, ist bislang noch nicht endgültig bewiesen. Vermutlich gibt es auch da einen gewissen Plazeboeffekt, der sich schon beim Kauf einer Packung mit Biosiegel einstellt und positiv auf die Gesundheit auswirkt: »Hey, da habe ich mir wirklich was Gutes getan und was richtig Gesundes gekauft!« Immerhin, übermäßig hohe Pestizidbelastungen, wie sie regelmäßig bei einzelnen konventionell angebauten Obst- und Gemüsesorten gefunden werden, kommen bei Bioprodukten kaum vor. Absolut pestizidfrei sind aber auch Bioprodukte nicht. Wenn der unökologische Bauer nebenan kräftig die Giftdusche anschaltet, lässt sich nicht verhindern, dass das Biofeld daneben auch was davon abbekommt. Ganz gewiss muss man nach dem Verzehr einer pestizidbelasteten Weintraube nicht gleich ins Gras beißen. Was aber Insekten und Unkräutern den Garaus macht, dürfte auf Dauer auch für den Menschen nicht gesund sein. Es sollen aber auch Leute schon hundert Jahre alt geworden sein, ohne jemals in den Genuss biologisch angebauter Produkte gelangt zu sein.

Wer sich Bionahrungsmittel leistet, schont aber nicht nur – eventuell – seine Gesundheit. Der bedenkenlose Einsatz von Pestiziden und ungehemmter Massentierhaltung zerstört vor allem die Umwelt und Gesundheit in den Anbaugebieten. In anderen Ländern als Deutschland wird zum Teil hemmungslos mit den Errungenschaften der modernen Chemie umgegangen. Dort gilt das Motto: Viel hilft viel. Personenschutz beim Versprühen der Gifte? Unnütz! In vielen Regionen gilt die chemische Landwirtschaft als hochmodern.

Vor einigen Jahren wollte ich in Andalusien Mandarinen direkt beim Bauern kaufen – sonnengereift und ganz frisch vom Baum. Beim Öffnen der Tür stach mir sofort die markante Schirmmütze der Bäuerin mit dem Schriftzug eines großen deutschen Chemieunternehmens ins Auge. Ich ließ mich aber nicht abschrecken und habe dann doch Mandarinen gekauft. Ich ging einfach mal davon aus, sie habe die Mütze als kleine Aufmerksamkeit wegen ihres hohen Konsums an Kopfschmerztabeletten des gleichen Unternehmens erhalten.

EG-Öko-Verordnung

Diese Verordnung aus dem Jahr 1991 regelt die Kennzeichnung für Bio-Produkte und definiert, wie sie erzeugt und hergestellt werden müssen. Seitdem dürfen die Begriffe »Bio«, »Öko«, »biologisch« und »ökologisch« nur noch für Produkte verwendet werden, die den Kriterien der Richtlinie entsprechen.

Möchtegern-Öko

Keine große Aussagekraft haben hingegen Wörter wie »alternativ«, »kontrollierter Anbau«, »umweltschonend« oder »umweltverträglich«. Der Bauer, der seinen alternativen Anbau kontrolliert, könnte im Prinzip auch überprüfen, ob das neue Pestizid wirklich allen Schädlingen den Garaus macht.

Bio-Siegel

In Deutschland werden die meisten Bio-Produkte mit dem Bio-Siegel ausgezeichnet. Es trägt auch den Spitznamen Künast-Siegel, benannt nach der bei der Einführung amtierenden grünen Verbraucherschutzministerin.

www.bio-siegel.de
ec.europa.eu/agriculture/organic

E 605 und andere Lebensmittelzusatzstoffe

Ohne Lebensmittelchemie wäre unser Essen nicht das, was es ist. Orangenlimonade wäre nicht gelb, Chips mit Schinkengeschmack hätten keinen Schinkengeschmack, und wenn wir etwas haltbar machen wollten, müssten wir es wie zu Omas Zeiten einkochen. Damit uns die vielen chemischen Bezeichnungen auf den Lebensmitteln nicht irritieren, gibt es E-Nummern. Diese machen das eine oder andere leckere Produkt aber mehr als suspekt.

Folgende Frage würde sich sicher auch für Günther Jauch eignen: »Was ist kein Lebensmittelzusatzstoff?

A: E 150, B: E 260, C: E 300 oder D: E 605?« Na, können Sie die Frage beantworten? Wenn ja, bekommen Sie gleich noch eine Zusatzaufgabe: »Erklären Sie, wofür die genannten E-Nummern stehen.« Spätestens hier werden Sie vermutlich passen. Es ist schon interessant, was wir täglich so alles zu uns nehmen. Noch interessanter ist, wie wenig Gedanken wir uns darüber machen. Das liegt vermutlich daran, dass die Zusatzstoffe und vor allem die E-Nummern meist besonders klein aufs Etikett gedruckt sind. Und wer liest normalerweise schon das Kleingedruckte?

Würden Sie eine Flasche kaufen, auf der in großen Lettern steht: »Verdünntes E 330 mit E 290 und E 951«? Sicher nicht! Bei »Diät-Zitronenlimonade« würde das Zugreifen schon leichter fallen. E 330 ist einfache Zitronensäure, E 290 Kohlensäure und E 951 Aspartam. Der Zusatzstoff Aspartam wurde übrigens vom amerikanischen Chemiker James M. Schlatter ganz zufällig entdeckt, als er auf der Suche nach einem Mittel gegen Geschwüre war. Seit 1990 ist es in Deutschland zugelassen – allerdings nicht als Arzneimittel gegen Geschwüre, sondern als Lebensmittelzusatzstoff zum Süßen. Da Aspartam erheblich süßer als Zucker und deutlich kalorienärmer ist, findet man es häufig in Diätprodukten. Aspartam gilt weithin als unbedenklich. Dass es auch noch Geschwüre heilt, ist allerding nicht belegt. Eine Studie stellte dagegen fest, dass es bei Ratten Krebs auslöst. Aber keine Sorge, die Studie wurde später eindeutig widerlegt. Wer sich die Nummer E 951 nicht merken kann, darf auch nach dem vorgeschriebenen Warnhinweis »Enthält eine Phenylalaninquelle« suchen. Für Leute mit einer bestimmten Stoffwechselerkrankung ist Aspartam nämlich gefährlich.

Doch zurück zur Quizfrage: E 605 eignet sich höchstens einmal im Leben als Lebensmittelzusatzstoff. Bei richtigen Lebensmittelzusatzstoffen steht die Abkürzung »E« für »essbar«. E 605 wurde aber zu einer Zeit entwickelt, als noch niemand an E-Nummerlisten für Le-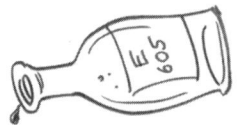bensmittelzusatzstoffe dachte. Damals stand das »E« für »Entwicklungsnummer« für Chemikalien. E 605 heißt korrekt »Parathion«. Der Volksmund nennt E 605 auch Schwiegermuttergift, da es lange Zeit bei Giftmorden recht beliebt war. Gedacht ist E 605 aber normalerweise als Pflanzenschutzmittel. Es hat die angenehme Eigenschaft, für Pflanzen absolut ungiftig zu sein, dafür aber Insekten, Tiere und bei der richtigen Dosis leider auch Menschen zu töten. Der erste weltweit dokumentierte Mord mit E 605 fand übrigens in Deutschland statt. Hier musste 1952 aber keine Schwiegermutter, sondern – wie sollte es anders sein – ein Ehemann dran glauben. E 605 ist inzwischen in der EU verboten. Für Lebensmittelzusatzstoffe wurde die Nummer E 605 vorsichtshalber nicht vergeben. Die anderen Bezeichnungen der Quizfrage sind übrigens vergleichsweise harmlos. E 150 ist chemisch hergestellte Zuckercouleur, E 260 ist synthetische Essigsäure und E 300 steht für Ascorbinsäure, besser als Vitamin C bekannt.

Wer eine außergewöhnliche, lehrreiche, spannende und satirische Lektüre sucht, sollte sich unbedingt eine kommentierte E-Nummernliste zulegen. Diese informiert über alle Namen der Lebensmittelzusatzstoffe, ihre offiziellen E-Nummern und deren Bedeutung. Mein Lieblingszusatzstoff ist der Farbstoff »Cochenillerot A« mit der Nummer E 124. Laut E-Nummernliste findet man ihn beispielsweise in Fruchtgelees, Götterspeisen oder Halstabletten. Die Erläuterung der E-Nummernliste eröffnet einem ganz neue Möglichkeiten: »E 124 färbte bei Versuchstieren das Fell bei Dauergabe rosa.« Die sich daraus ergebenden Fragen beantwortet die Liste leider nicht: Ist das auch auf den Menschen übertragbar? Wann muss ich anfangen, täglich Götterspeise zu essen, wenn ich Faschingsdienstag gefärbte Haare brauche? Und wenn ich dazu noch die entsprechenden Halstabletten lutsche, bekomme ich dann auch noch einen rosa Bart?

Auch interessant ist die Erklärung zum Zusatzstoff E 175: »Gold, Farbstoff zum Verzieren, verursacht bei hohen Konzentrationen Nierenschäden.« Bleibt die Frage, wer von uns in seinem Leben freiwillig große Mengen Gold verspeist. Ich würde es ja lieber zur Bank tragen anstatt es aufzuessen: »Ich habe hier ein Kilo E 175, können Sie das bitte in Euros tauschen?« Sicher gibt es ja den ein oder anderen Neureichen, der zum Protzen seine Frühstückeier komplett vergolden lässt. Doch wer das nötig hat, liest bestimmt keine E-Nummernliste.

Nett ist auch, was zur Nummer E 954 zu finden ist: »Saccharin, künstlicher Süßstoff, in der Schweinemast als appetitstimulierendes Mittel zugelassen.« Nun könnten einige sagen, sie hätten ja schon immer gewusst, dass sich Diät-Cola bestenfalls als Schweinefutter eignet. Es ist aber nicht immer alles richtig, was gedruckt wird. Das gilt auch für manche E-Nummernliste. Saccharin wird tatsächlich in der Ferkelaufzucht verwendet, allerdings nur in den ersten vier Lebensmonaten. Damit soll den an Muttermilch gewöhnten Ferkeln das neue meist deftigere Futter versüßt werden. Für die eigentliche Schweinemast hat Saccharin hingegen keine Bedeutung. Tests mit Ratten haben allerdings gezeigt, dass mit Saccharin versetztes Futter im Vergleich zu Zucker zu keiner Gewichtsabnahme führte. Die Forscher entwickelten die Theorie, dass der durch Saccharin verwirrte Geschmackssinn die vorenthaltenen Kalorien an anderer Stelle zusätzlich einfordert. Die schlechte Nachricht steht also zwischen den Zeilen der E-Nummernliste: Wer wirklich abnehmen will, sollte sich besser gesund ernähren und regelmäßig Sport treiben. Das Kaufen von Light-Produkten und das regelmäßige Einschalten der Sportschau sind dafür allein nicht ausreichend.

E 605 und andere Lebensmittelzusatzstoffe

Wer nach der Nummer E 215 sucht, findet in einigen Listen folgende Erklärung: »PHB-Ester, Konservierungsstoff, löst häufig Allergien aus. Wurde als Betäubungsmittel für Frösche vorgeschlagen.« Aha, wieder was gelernt. Wenn der Prinz einen also partout nicht küssen möchte, hilft es, vorher größere Mengen an E 215-haltigen Süßwaren zu verabreichen.

Es gibt aber auch weniger amüsante Zusatzstoffe wie zum Beispiel E 230: »Biphenyl, Konservierungsstoff, pilztötende Substanz für Schalen von Zitrusfrüchten, im Tierversuch kam es zu Todesfällen.« Hier stellt sich unweigerlich die Frage, wie groß die Tiere waren, die bei dem Versuch ihr Leben lassen mussten. Ist das, was kleine Tiere umbringt, nicht möglicherweise auch für große Tiere gefährlich? Gewisse Zweifel sind offensichtlich auch an offizieller Stelle aufgekommen. Daher ist E 230 seit dem Jahr 2005 in der Europäischen Union nicht mehr zugelassen. Ein gewisses Unbehagen bleibt aber doch zurück, wenn ein einstmals für Lebensmittel zugelassener Stoff vom Markt genommen wird.

Das Bundesministerium für Ernährung, Verbraucherschutz und Landwirtschaft beruhigt uns aber und gibt eine klare Stellungnahme zu kommentierten E-Nummernlisten ab: »Die Bewertungen in diesen Listen, soweit darin zugelassenen Lebensmittelzusatzstoffen nachteilige Wirkungen auf die Gesundheit unterstellt werden, entbehren aus wissenschaftlicher Sicht jeglicher Grundlage.« Schade, dann wird es ja doch nichts mit dem rosa Bart zu Fasching. Einige Verbraucher bleiben aber trotz der

offiziellen Beteuerungen skeptisch, wenn es um Lebensmittelzusatzstoffe mit E-Nummern geht. Daher versucht die Lebensmittelindustrie oft, die Angabe von E-Nummern zu vermeiden. Der Aufdruck »Süßstoff Aspartam« ist zugegebenermaßen auch deutlich vertrauenserweckender als E 951.

Wer weniger chemische Zusatzstoffe in seinen Lebensmitteln haben möchte, kann übrigens auf Bioprodukte ausweichen. Ganz frei von E-Nummern sind diese aber auch nicht. Die EU-Ökoverordnung schränkt die Verwendung von Zusatzstoffen allerdings stark ein. So sind bei Produkten mit Bio-Siegel nur wenige Stoffe, wie beispielsweise E 290, E 330 oder E 901 erlaubt. »Seht ihr!«, könnten nun Bioskeptiker rufen, »auch Biolebensmittel enthalten Chemie und Zusatzstoffe!« Das stimmt. Aber auf der anderen Seite sind Kohlendioxid, Citronensäure oder Bienenwachs nun wirklich harmlos.

Lebensmittelzusatzstoffe
In der Europäischen Union sind über 300 Lebensmittelzusatzstoffe zugelassen, die dann eine E-Nummer erhalten. Sie lassen sich in verschiedene Gruppen wie Farbstoffe, Konservierungsmittel, Antioxidationsmittel, Verdickungsmittel oder Süßungsmittel einteilen. Für Bio-Lebensmittel sind hingegen deutlich weniger Zusatzstoffe erlaubt: Hier sind es gerade einmal rund 40. Kein Zusatzstoff ist wirklich allgemeingefährlich. Das schließt das Zulassungsverfahren aus. Einige Zusatzstoffe können jedoch Allergien, Aufmerksamkeitsstörungen und andere Befindlichkeitsstörungen auslösen.

ADI-Wert

Wann und ab welcher Menge Gefahren bestehen, ist nicht immer leicht zu beurteilen. Der ADI-Wert gibt an, welche Menge des Stoffs täglich lebenslang aus gesundheitlicher Sicht bedenkenlos gegessen werden kann. ADI steht für »Acceptable Daily Intake«, also »Erlaubte Tagesdosis (ETD)«. Schon vor 500 Jahren erkannte Paracelsus: »Dosis sola venenum facit.« Allein die Dosis macht also das Gift. Für Aspartam (E 951) gilt ein ADI-Wert von 40 Milligramm pro Kilogramm Körpergewicht. Für einen 75 Kilogramm schweren Erwachsenen sollten also drei Gramm Aspartam in der Regel selbst bei täglicher Dauereinnahme kein Problem bedeuten. Keine Regel ohne Ausnahme: Menschen mit der Stoffwechselkrankheit Phenylketonurie sollen Aspartam generell meiden. Drei Gramm klingt erst einmal wenig, entspricht aber einer Zuckermenge von 600 Gramm. Und wer täglich mehr als ein halbes Kilo reinen Zucker verspeist, lebt sicher auch nicht gesund.

www.zusatzstoffe-online.de

Das haben wir in den Genen

Die Gentechnik ist in Deutschland ähnlich umstritten wie die Atomkraft. Für die einen ist sie ein gesegneter Hoffnungsträger. Sie soll unheilbare Krankheiten therapieren, die Ernährungprobleme der Menschheit lösen und dafür sorgen, dass nur noch gesunde Kinder zur Welt kommen. Andere sehen in der Gentechnik einen Griff in Frankensteins Gruselkabinett. Für sie ist die Gentechnik unnütz, riskant und zudem ethisch höchst fragwürdig.

Kein moderner Krimi kommt ohne einen Gentest aus: »Gestehen Sie endlich! Die DNA-Analyse beweist doch, Sie sind der Täter.« Auch in der Genetik, also der Vererbungslehre, spielen Gene eine wichtige Rolle. »Papa, stammen wir vom Affen oder vom Dinosaurier ab?« »Ich glaube, mein Kind, das ist von Mensch zu Mensch sehr verschieden.« Immerhin sind rund 99 Prozent der Gene eines Schimpansen mit denen eines Menschen identisch. Ein kleiner Unterschied bei den Genen sorgt also für eine große Wirkung. Das Erbgut des Menschen besteht aus rund 30 000 Genen, das von Backhefe aus 6 000. Auch mit der Hefe sind wir verwandt. Etwa die Hälfte der Hefegene stimmt mit den menschlichen Genen überein.

Verbiegen wir nun einige wenige Gene, ändert das die Eigenschaften eines Organismus. Durch gezielte Veränderungen verspricht die Gentechnik, die Landwirtschaft zu revolutionieren. Das Schlagwort dafür lautet »grüne Gentechnik«. Das klingt erst einmal vertrauenserweckend. »Grün« klingt wie ökologisch oder naturverträglich. Es steht aber in diesem Fall nur für die übliche Farbe von Pflanzen. Ein anderer technisch klingender und damit treffender Begriff für die grüne Gentechnik ist auch Agrogentechnik. Daneben gibt es noch die gefährlicher klingende »rote Gentechnik«. Diese kommt in der Medizin und Pharmaindustrie zum Einsatz. Sie wird bei Organismen mit rotem Blut – also meist Menschen – angewandt. Eine »blaue Gentechnik« für hochwohlgeborene Organismen gibt es allerdings nicht. Die so genannte weiße und graue Gentechnik kommen schließlich in der Industrie- und Abfallwirtschaft zum Einsatz.

In der Medizintechnik liegen Segen und Fluch der Gentechnik besonders nah beieinander. Gentechnisch verändertes Insulin hat schon manchem Zuckerkranken das Leben erleichtert. Auch bei der Krebstherapie kommen Produkte aus der Gentechnik zum Einsatz. Viele Schwangere nutzen heute bereits die Möglichkeiten, durch Frühdiagnosen gentechnische Defekte feststellen zu lassen. Manchmal lösen diese Untersuchungen allerdings selbst Fehlgeburten von genetisch gesunden Kindern aus. Für den Wunsch nach perfekten und genetisch einwandfreien Nachkommen wird das aber oft in Kauf genommen. Schließlich sei ein Kind mit Gendefekten heute nicht mehr gottgegeben. So etwas sei ja dank der Gentechnik leicht zu verhindern. In den USA übernehmen daher bereits einige Krankenkassen keine Kosten für die Behandlung behinderter Kinder mehr, wenn die Eltern auf die Frühdiagnostik verzichteten.

Heute beziehen sich die Untersuchungen nur auf wenige Gendefekte wie das Down-Syndrom. Technisch ist es allerdings möglich, auch Kinder mit anderen genetischen Fehlentwicklungen »auszusortieren«. Wer künftig eine Brille braucht oder an sozialen Beeinträchtigungen leidet, kann dann seine Eltern verklagen. Einigen Berühmtheiten der Geschichte wären diese Möglichkeiten der Gentechnik allerdings zum Verhängnis geworden. Albert Einstein und Isaac Newton sollen beispielweise unter dem Asperger-Syndrom gelitten haben. Das ist eine schwache vererbliche Form des Autismus. Zum Glück standen früher die heutigen Diagnosemöglichkeiten noch nicht zur Verfügung, sonst wüssten wir vielleicht immer noch nichts über die Schwerkraft und die Relativitätstheorie.

Theoretisch ließe sich künftig auch der Nachwuchs nach dem Baukastenprinzip zusammenstellen. Ein Einstein wäre dann aber sicher nicht dabei und so mancher Ehestreit bereits vorprogrammiert. »Welche Eigenschaften soll Ihre Tochter denn nun bekommen?« »Mittelgroß, intelligent und einfühlsam.« »Und außerdem blond und eine große Oberweite.« »Ihr Männer seid doch alle gleich. Sag doch, dass du nicht mit mir zufrieden bist.«

Die grüne Gentechnik – also die Agrogentechnik – wird vor allem durch kommerzielle Pharmaunternehmen vorangetrieben. Ziel dabei ist nicht die Rettung der Menschheit, sondern die Erhöhung von Umsatz und Rendite. Das Saatgut gentechnisch veränderter Pflanzen lässt sich nämlich patentieren und mit anderen Produkten aus der firmeneigenen Produktpalette optimal kombinieren. Ein Gentechnikrenner sind beispielsweise herbizitresistente Pflanzen wie Soja oder Mais, die gleich in Kombination mit dem zugehörigen chemischen Unkrautvernichtungsmittel angeboten werden. Ist das Gift erst einmal großflächig auf dem Acker verteilt, wächst dort nichts mehr außer dem paten-tierten konzerneigenen Saatgut – so zumindest die Theorie. In der Praxis reagiert die Natur allerdings recht anpassungsfähig, und immer mehr resistente Unkräuter sprießen trotz massiven Gifteinsatzes. Somit geht den Chemikern und Gentechnikern zumindest nicht die Arbeit aus. Sie dürfen weiter an neuen Gift- und Gensaatgutkombinationen forschen.

Während der nachhaltige Nutzen dieser Produkte für die Menschheit also bedeutungslos bleiben dürfte, versprechen andere Errungenschaften der grünen Gentechnik durchaus überzeugende Vorteile. Schädlingsresistente Pflanzen sollen den Gifteinsatz reduzieren und trockentoleranter Mais künftig sogar unfruchtbare Böden nutzbar machen. Hält man sich die Möglichkeiten der Gentechnik vor Augen, kann man sich fast wie Gott fühlen. Das Problem dabei ist aber, dass uns Menschen die göttliche Fähigkeit fehlt, stets die volle Tragweite unseres Handelns zu erkennen. So ist auch der vielversprechende schädlingsresistente Gen-Mais inzwischen in die Kritik geraten. Dieser Mais produziert selbst ein Insektengift gegen den schädlichen Maiswurzelbohrer. Für Wirbeltiere gilt dieses Gift als ungefährlich. In einer umstrittenen Studie bekamen allerdings auch Ratten Leber- und Nierenschäden, nachdem sie mit dem gentechnisch veränderten Mais gefüttert wurden. Vielleicht enthält künftig einmal jede Packung mit Popcorn aus gentechnisch verändertem Mais den Aufdruck: »Zu Risiken und Nebenwirkungen fragen Sie Ihren Landwirt oder Lebensmittelchemiker.«

Die Risiken der Gentechnik, so meinen Kritiker, sind für die Menschen nicht überschaubar. Viele Gene haben nämlich mehrere Funktionen und einige Funktionen werden von mehreren Genen gesteuert. Verändern wir Pflanzen, können wir dabei, auch ungewollt, wichtige Eigenschaften deaktivieren oder hervorrufen. Vielleicht wirkt eine Sorte gentechnisch veränderten Getreides plötzlich wie ein Hormon und reduziert die menschliche Fruchtbarkeit. In der Gentechnik ist es auch üblich, erfolgreich veränderte Zellen zu markieren. Damit lassen sie sich auch später noch identifizieren. Bei Pflanzenzellen dienen häufig Antibiotika-Resistenz-Gene als Marker. Mutationen von Organismen kommen aber auch in der Natur ständig vor – ganz ohne Gentechnik. Der antibiotikaresistente Killererreger, der in einem mit Gen-Mais gefütterten Schwein entstanden ist, gilt als Horrorvision aller Gentechnikgegner. Aus wissenschaftlicher Sicht gilt das zwar als höchst unwahrscheinlich, mehr aber auch nicht. Um alle möglichen Effekte von gentechnischen Veränderungen nachzuweisen oder auszuschließen, wären sehr aufwändige Studien notwendig, die nicht finanzierbar sind.

Auch gentechnisch veränderte Tiere sind bereits auf dem Markt. Ein Beispiel ist der Zebrabärbling. Diesem Zierfisch haben Forscher aus Singapur Gene einer Seeanemonenart einverleibt. Seitdem leuchtet der Fisch im Dunkeln rot, grün oder orange. Inzwischen hat sich eine Firma die exklusiven Vermarktungsrechte für die USA gesichert. In Europa lässt sich allerdings mit dem Leuchtfisch noch kein Geschäft machen. Er ist hier nämlich kein zugelassener Organismus. Vermutlich ist es nur eine Frage der Zeit, bis die Erkenntnisse auf den Menschen übertragen werden. Wenn Eltern ihr Kind bereits auf den Namen »Pumuckl« taufen, wäre es doch recht passend, wenn die Haare des Nachwuchses im Dunkeln rot leuchten. Das bringt auch einige Erleichterungen bei der Babyaufzucht. So müsste man beispielsweise beim nächtlichen Fläschchengeben nicht mehr das Licht anschalten.

Das Beispiel des Leuchtfisches zeigt erhebliche Unterschiede bei der Einstellung zur Gentechnik zwischen den USA und Deutschland. Während der Leuchtfisch in den USA patentiert ist und exklusiv vermarktet wird, drohen in Europa für Vertrieb und Zucht nicht zugelassener gentechnisch veränderter Aquariumsfische, wozu auch der Leuchtfisch zählt, hohe Bußgelder oder gar Haftstrafen. Bereits auf einem Drittel der Ackerflächen in den Vereinigten Staaten werden gentechnisch veränderte Pflanzen angebaut – in Deutschland nicht einmal auf einem Prozent der Äcker. Aus amerikanischer Sicht sind die Deutschen also Gentechnikmuffel. Für Versuche mit gentechnisch veränderten Pflanzen und das Inverkehrbringen ist in Europa eine behördliche Genehmigung erforderlich. Einige Gentechnik-Erfolgsschlager aus den USA sind inzwischen aber auch in Europa zugelassen. An den Behörden liegt also der zaghafte Einsatz in Deutschland nicht. Vielmehr fürchten viele Landwirte die Zurückhaltung der Verbraucher. Gentechnisch veränderte Produkte müssen im Kleingedruckten auf der Verpackung gekennzeichnet werden. Zum Verkaufsschlager dürften sie sich damit nicht entwickeln.

Das haben wir in den Genen

Wer jedoch versucht, Gentechnikprodukte völlig zu vermeiden, hat schlechte Karten. Produkte mit Verunreinigungen von unter einem Prozent müssen nicht gekennzeichnet werden. In der Praxis sind Verunreinigungen auch kaum vermeidbar. Wer sollte auch den Bienen erklären, dass sie die Pollen vom gentechnisch veränderten Raps nicht zum Bio-Raps drei Felder weiter tragen sollen? Künftig wird es also nur noch gentechnikarme und nicht mehr gentechnikfreie Produkte geben. Fleisch, Milch und Eier von Tieren, die mit gentechnisch verändertem Futter aufgezogen werden, unterliegen auch nicht der Kennzeichnungspflicht. Vielleicht wäre es ja gut, wenn alle gentechnisch veränderten Produkte bereits durch ihr Äußeres erkennbar wären. Dazu könne man beispielsweise vorschreiben, das Seeanemonengen der Leuchtfische auch in Kühe und Mais einzubauen. Allerdings sind rote Milch und leuchtendes Popcorn sicher nicht jedermanns Sache.

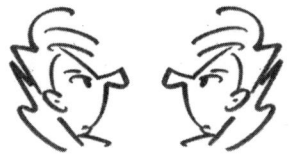

Mückensprays und Bakterienkiller

Wir essen Bio, meiden E-Nummern und lieben Tiere. Bei der Maus im Keller, der Spinne im Wohnzimmer, den Motten im Mehl oder den Ameisen auf dem Küchentisch hört der Spaß aber auf. Und Mikroorganismen auf der Klobrille sind absolut tabu. Wenn Insekten und Pilze auch noch die häuslichen Pflanzen überfallen, dreht schließlich jeder Hobbygärtner durch. Zum Glück helfen uns antibakterielles Toilettenpapier, desinfizierende Reinigungsmittel sowie eine Vielzahl spezieller Gifte, diese Probleme zu lösen.

Ein kräftiger Stoß riss mich jäh aus dem Schlaf. »Psst. Beweg‘ dich nicht! Hörst du auch dieses Geräusch?« Schlaftrunken öffnete ich meine Augen und ließ den Blick umherschweifen. Wieder bekam ich einen Stoß. »Schatz, da, da, da vorne! Siehst du es auch?« Mein Blick wanderte die Wand entlang bis hinter den Vorhang. Und da sah ich es sitzen. Es lechzte geradezu nach meinem Blut. Reflexartig griff ich meinen Hausschuh und richtete mich ganz langsam auf. Ich holte aus. Höchste Konzentration war jetzt gefragt. Zack, zosch, rrrumms. Mit einem kräftigen Schlag hatte ich das blutsaugende Monster erledigt. »Puh. Das war knapp. Beinahe hätte uns die Mücke noch gestochen.«

Mücken, Spinnen und andere Insekten in der eignen Wohnung – das geht gar nicht. Bei Mücken ist das durchaus verständlich. Wer möchte sich schon mit einem juckenden Stich herumquälen. Die Angst vor Spinnen ist da schon weniger rational. Die bei uns lebenden Spinnenarten sind im Vergleich zur gemeingefährlichen Stechmücke nämlich absolut harmlos. Dennoch ist das Urteil über beide schnell gefällt: »Tod durch Erschlagen.« Manche von uns zeigen dann doch ein Herz und ziehen die Verbannung als Konsequenz vor. Mühsam wird dabei die Spinne mit einem Glas eingefangen und des Hauses verwiesen. Dabei ereilt uns heimlich die Hoffnung, dass die Spinne doch draußen unseren Job erledigen und der einen oder anderen Stechmücke ein Ende bereiten möge. Andere packen hingegen mitten der Nacht den Staubsauger aus und lassen Mücken und Spinnen einfach in den Tiefen des Saugrohres verschwinden.

In manchen Gegenden entwickeln sich Stechmücken zur wahren Plage. Da die manuelle singuläre Beseitigung auf Dauer recht mühsam ist, wird häufig technisch und chemisch aufgerüstet. Spezielle Mückenlampen sollen die Quälgeister anlocken und mit Hochspannung ins Jenseits befördern. Unser Praxistest mit einem solchen Gerät war aber leider wenig erfolgreich. Im Internet finden sich aber  auch positive Berichte. Hilft das Gerät nicht, bleiben Insektensprays oder Elektroverdampfer.

Chemische Mückenschutzmittel verwirren laut einem Hersteller den Orientierungs- und Geruchssinn von Mücken und anderen Plagegeistern. Der geschützte Körper werde dadurch unattraktiv und die unerwünschten Gäste suchten sich ein neues Opfer. Bei solchen Angaben könnte man auch auf die Idee kommen, die Wirkung einmal bei menschlichen Nebenbuhlern auszuprobieren.

Wer unerwartet von einem flüchtigen Bekannten eine Familienpackung Mückenschutzmittel geschenkt bekommt, sollte also stutzig werden. Ganz unumstritten ist der eingesetzte Wirkstoff übrigens nicht. Hautreizungen, Schlaflosigkeit und sogar epileptische Anfälle sollen hin und wieder auftreten. Die Zahl der Mückenstiche geht dafür aber erwiesenermaßen zurück.

Mückensprays und Bakterienkiller

Als etwas harmloser gelten Mückensprays oder Elektroverdampfer auf Basis von Pyrethroiden. Diese synthetischen Wirkstoffe sind dem natürlichen Pyrethrum nachempfunden, mit dem sich Chrysanthemen gegen Fraßinsekten schützen. Pyrethroide machen fast allen Insekten den Garaus und sind für Fische hochgiftig. Dieser Stoff schädigt das Nervensystem der Insekten, sodass sie keine koordinierten Bewegungen mehr durchführen können. Auch das könnte uns auf Ideen bringen: »Hallo, Chef. Das mit der Kündigung geht schon in Ordnung. Ich habe Ihnen zum Abschied noch einen großen Strauß Chrysanthemen besorgt.« Für Warmblüter wie uns Menschen sind Pyrethroide allerdings vergleichsweise ungefährlich. Nur in einigen Fällen sind Nervenreizungen und Übelkeit bei direktem Giftkontakt möglich.

Prima, sagten sich einige Länder und machten eine Pyrethroidbehandlung von Flugzeugen samt Insassen bei der Einreise aus bestimmten Staaten zur Pflicht. Mücken müssen daher, sofern es ihre Terminplanung zulässt, über den längeren Seeweg einreisen. Im Flugzeug gilt: Lieber mal ein vereinzeltes Nervenleiden als eine eingeschleppte Malariamücke. Ohne leere Spraydose keine Einreise, lautet dort die Devise. Pfiffige Flugbegleiter entsorgen hin und wieder den Doseninhalt in der Toilette. Meistens ist zu Hause bleiben allerdings die einzige Möglichkeit, der Giftdusche zu entgehen. Immerhin – so beteuert eine Airline – verflüchtige sich das Gift bereits nach wenigen Minuten. Wem dieses Versprechen nicht reicht, kann vor der nächsten Reise ja schon einmal das lange Luftanhalten üben. Andere können hingegen von Pyrethroiden nicht genug bekommen. Jährlich gehen etliche Tonnen des Wirkstoffs für den privaten Gebrauch allein in Deutschland über den Ladentisch. Möglicherweise wollen die Käufer aber auch nur für die nächste Flugfernreise trainieren.

Ähnlich unbedarft wie bei den Pyrethroiden war früher auch der Umgang mit den Stoffen Lindan und DDT. Nach zahlreichen negativen Folgen für Mensch und Umwelt gerieten die Stoffe dann zunehmend in die Kritik. Heute sind sie in vielen Ländern, so wie auch Deutschland, nicht mehr zugelassen.

Sehr effektive und harmlose Mittel gegen Stechmücken sind übrigens Insektenschutzgitter vor den Fenstern, und wenn das nichts nützt, hilft ein Moskitonetz über dem Bett.

Während Schädlinge in der Wohnung oft nur vereinzelt auftreten, vermehren sie sich in freier Wildbahn oft  ungehemmt. Vor allem im eigenen Zier- und Nutzgarten gefährden sie die Früchte langer und schweißtreibender Arbeit. Kein Wunder, dass so mancher Kleingarten inzwischen einer Giftmülldeponie ähnelt. Gartencenter und Baumärkte versorgen uns mit den nötigen Mittelchen gegen Schnecken, Blattläuse, Milben, Pilze oder Unkräuter. Mit dem Insektenspray für die Wohnung lassen sich in Wildwestmanier auch Mücken und Wespen im Freien erledigen. Bei manchen ging der Schuss allerdings auch schon mal nach hinten los. Wespen mögen aus verständlichen Gründen nämlich kein Insektenspray in ihrem Nest und stürzen sich gerne in Scharen auf den Angreifer, um ihr Heim zu schützen. Bleibt die Frage, ob so mancher

Kleingärtner nicht über das Ziel hinausschießt. Nicht selten wird für private Schädlingsbekämpfungsaktionen mehr Geld ausgegeben, als die gerettete Ernte wert ist. Vielleicht wäre es da sinnvoller, öfter über eine angefressene Frucht einfach hinwegzusehen. Das ist nicht nur billiger, sondern auf Dauer auch deutlich gesünder.

Ganz oben auf der Liste der Bedrohungen für Haus und Familie stehen extrem kleine, fiese und für uns unsichtbare Lebewesen: die Bakterien. Seit einigen Jahren liefert uns die Chemie aber auch dafür eine Lösung: antibakterielle Substanzen. Die lassen sich mit fast jedem gewünschten Produkt kombinieren. Neben diversen Putzmitteln und Seifen sind auch antibakterielle Toilettenpapiere und antibakterielle Müllbeutel im Angebot. Nach dem Ausbruch der Schweinegrippe stieg der Absatz von antibakteriellen Waschgels sprunghaft an. Eine Grippe wird allerdings von Viren und nicht von Bakterien übertragen und die wird man auch mit herkömmlicher Seife gut wieder los. Aber wenn die Seife neben den Viren auch noch Bakterien killt, kann das sicher nichts schaden. Vielleicht kommt ja nach dem Schweinegrippenvirus noch das Ziegenpestbakterium. Wer weiß das schon?

Verschiedene Studien haben mittlerweile gezeigt, dass antibakterielle Putzmittel im Haushalt ziemlich nutzlos sind. Die Zahl der Infekte nimmt dadurch nicht nachweisbar ab. Dazu müsste man nämlich auch allen Besuchern vor Eintreten die Hände desinfizieren und einen Mundschutz verpassen.

Noch unsinniger sind antibakterielle Klopapiere und Müllbeutel. Wogegen soll das spezielle Toilettenpapier helfen? Möglicherweise gegen eine besondere Art von

Bakterien, die aus dem Darm kommen, sich in der Pospalte unkontrolliert vermehren und beim nächsten Toilettengang an ihren Urspungsort zurückkehren.  Vielleicht hilft das Papier ja auch gegen die Schweinegrippe. Wenn die antibakterielle Seife schon als Geheimtipp gilt, ist das bestimmt die ideale Ergänzung. Noch rätselhafter ist der Sinn von antibakteriellen Müllbeuteln. Vielleicht möchte man damit umherstreunenden Obdachlosen etwas Gutes tun, die in unseren Hinterlassenschaften ein Zubrot suchen. Hier wäre es sicher sinnvoller, die Mehrkosten der Müllbeutel der nächsten Tafel zu spenden. Die Beutel verhindern bestenfalls das Bakterienwachstum auf der Beutelfolie, helfen aber nicht gegen Keime im Müll.

Bleibt die Frage offen, wem die antibakteriellen Produkte für den Hausgebrauch wirklich nutzen. Sicher profitieren davon die Hersteller, die damit ihre Umsätze steigern. Außerdem können sich Dermatologen und Allergologen über steigende Patientenzahlen freuen, denn die Produkte verursachen Hautreizungen und Allergien. Leider bilden sich durch die antibakteriellen Produkte auch resistente Bakterienstämme, was bei der nächsten schweren Infektion zum Bumerang werden könnte. Mit einer sorgfältigen klassischen Hygiene lassen sich hingehen diese Probleme vermeiden, und es lässt sich auch noch Geld für die unsinnigen Produkte sparen.

Wer zu sehr auf bakterielle Prävention und Schädlingsbekämpfung setzt, könnte letztendlich schnell recht einsam werden. Wer seine neue Flamme wieder loswerden will, hat sicher damit beste Chancen: »Darf ich mal kurz deine Hände desinfizieren, bevor du mich umarmst? Küssen geht dann leider auch nur mit antibakteriellem Mundschutz. Du weißt ja. Schweinegrippe, Bakterien und so. Und hier habe ich noch das neueste Insektenspray – nur für alle Fälle, falls sich Ungeziefer in deine Kleidung eingeschlichen hat.«

Pestizide
Pestizide sind chemische Substanzen, die lästige oder schädliche Lebewesen töten sollen. Darunter fallen Pflanzenschutzmittel und Schädlingsbekämpfungsmittel. Je nach Lebewesen, das bekämpft werden soll, unterscheidet man zwischen Herbiziden, Insektiziden, Bakteriziden oder Fungiziden.

Herbizide
Herbizide oder Unkrautvernichtungsmittel töten schädliche Pflanzen ab. Einige Herbizide wirken dabei nur gegen bestimmte Pflanzen, Breitbandherbizide gegen viele Pflanzen. Eines der berüchtigsten Herbizide ist »Agent Orange«. Es wurde während des Vietnamkrieges als Entlaubungsmittel eingesetzt, um den verhassten Vietcong besser ausmachen zu können. Am Kriegsverlauf konnte es allerdings nicht wirklich etwas ändern. Noch heute leiden viele Menschen an den gesundheitlichen Folgen durch den Einsatz von Agent Orange.

Insektizide
Insektizide sind Substanzen zur Beseitigung von Insekten. Oft kommen Gifte zum Einsatz, die das Nervensystem der Insekten schwer schädigen. Die wichtigsten Insektizide sind Pyrethroide. Sie sind preiswert, gut wirksam und für Warmblüter wie uns nur mäßig schädlich.

Insektenplagen sind bereits aus biblischen Erzählungen bekannt. Gut, dass damals noch keine wirksamen Insektizide bekannt waren. Sie hätten womöglich den Auszug Moses aus Ägypten verhindert.

Bakterizide

Bakterizide schädigen und töten Bakterien ab. Sie kommen in der Medizin als Antibiotika oder als Desinfektionsmittel zum Einsatz. In jüngster Zeit werden immer mehr Produkte antibakteriell ausgerüstet. Ihr Nutzen ist allerdings umstritten und sie fördern resistente Bakterienstämme.

Fungizide

Fungizide sind chemische oder biologische Stoffe, die Pilze und ihre Sporen abtöten. Sie werden als Pflanzenschutzmittel, zum Schutz von Holz, Farben, Textilien oder Lebensmitteln sowie der Medizin eingesetzt.

Biologische Alternativen

Oft gibt es intelligente Alternativen zur Chemiekeule. Unkräuter lassen sich mechanisch beseitigen. Gesunde Pflanzen und spezielle Anbaumethoden reduzieren den Schädlingsbefall. Gegen viele Schädlinge helfen auch spezielle Nützlinge. Katzen wurden beispielsweise früher als wirksamer Mäuseschutz gezüchtet und sind erst heute zum gewöhnlichen Schmusetier verkommen. Gegen lästige Stubenfliegen hilft die Tapfere-Schneiderlein-Methode und gegen Bakterien an der Hand ganz klassisch: Händewaschen mit Seife.

www.giftinfo.de

Chromfreie Stiefel und Bioshirts

Nichts ist uns so nah wie unsere Kleidung. Und das Hemd ist uns auch noch näher als die Jacke. Eigentlich müssten wir uns über das, was wir ständig auf der Haut tragen, ganz besonders Gedanken machen. Machen wir ja auch. Wer hat nicht schon einmal gegrübelt, ob die Hemdfarbe zu den Schuhen passt? Die Frage, ob unsere Haut oder die der Textilarbeiter die Farbe verträgt, verdrängen wir dagegen allzu gerne.

Insektizide beim Baumwollanbau, gequälte Wollschafe, giftige Farben und Chemikalien sowie Kinderarbeit in Textilfabriken sind leider immer häufiger Regelfall als Ausnahme. Aber es gibt auch mehr und mehr Alternativen, die allerdings nicht immer einfach zu finden sind.

Mein erster Versuch, ökologisch korrekte Schuhe zu bekommen, fand bereits zu meiner Studentenzeit statt. »Haben Sie auch chromfreie Schuhe?« Der Verkäufer schaute mich entgeistert an. »Unsere Schuhe sind alle aus Leder oder Textilen. Schuhe aus Metall führen wir gar nicht.« Keine Frage: Dieser Versuch war bereits im Ansatz gescheitert. Zugegeben: Mit der Frage, wie Chrom in normale Lederschuhe kommt, hätte auch so mancher Chemielehrer seine Schwierigkeiten. Insofern waren meine Erwartungen an den Schuhverkäufer sicher etwas überhöht.

Während Chrom bei einem Nobelauto für das schicke Äußere sorgt, ist es einem schwarzen Lederschuh erst einmal nicht anzusehen. Damit aus einer Tierhaut Leder und später einmal ein Schuh werden kann, muss sie zuerst gegerbt werden. Anderenfalls würde uns der Schuh beim Laufen verwesen. So mancher Fuß riecht zwar nach verfaultem Fleisch, doch das liegt meist am Fuß selbst oder der Socke und nicht am Schuh. Zum Gerben werden heute oft chromhaltige Stoffe benutzt. Dabei ist Chrom  nicht gleich Chrom – besonders problematisch sind vor allem so genannte Chrom-VI-Verbindungen. Sie sind extrem giftig und krebserregend. Gerbereien in Entwicklungsländern verwenden sie häufig ohne irgendwelchen Arbeitsschutz, ganz nach dem Motto: »Was für die Kuhhaut billig ist, muss auch für die Menschenhaut recht sein.« Kein Wunder, dass in einigen dieser Länder die Lebenserwartung nur halb so hoch ist wie bei uns. In Europa werden meist ungefährliche Chrom-III-Verbindungen genutzt. Aber auch hierbei können geringe Mengen an giftigen Chrom-VI-Verbindungen entstehen. Lösen sich diese dann später aus dem Leder, drohen dem unwissenden Schuhträger Allergien und Schlimmeres. Selbst in Kinderschuhen wurden jüngst noch Chrom-VI-Verbindungen nachgewiesen.

Eine Alternative ist die traditionelle pflanzliche Gerbung. Sie wird auch vegetabile Gerbung genannt. Das klingt ein wenig wie Leder für Tierfreunde – ist es aber nicht, denn die Kuh muss trotzdem dran glauben. Für die vegetabile Gerbung werden pflanzliche Stoffe, wie beispielsweise Baumrinden, verwendet. Diese Art der Gerbung hat seit Jahrhunderten Tradition. Sie ist aber auch aufwändiger und teurer. Nur wenige Schuhhersteller nutzen sie daher noch. Daran hat sich in den letzten 20 Jahren trotz Umweltbewegung wenig geändert. Immerhin bieten einige spezialisierte Schuhläden und Versandhäuser ökologisch korrekte Fußbekleidung an und inzwischen gibt es sogar wirklich schicke Ökoschuhe.

Am Ende war meine jugendliche Suche nach chromfreien Schuhen dann doch noch von Erfolg gekrönt. Schließlich besaß ich mein erstes Schuhpaar mit grünem Gewissen. Diesen Erfolg musste ich gleich auskosten. Ich besuchte einen guten Freund, der aktiv in der Umweltbewegung tätig war, und begann sofort zu missionieren. »Du weißt schon, dass deine Schuhe mit giftigem Chrom gegerbt sind. Du bekommst davon  Allergien und die Kinderarbeiter in Afrika Krebs.« Das saß und hatte Erfolg. Einige Wochen später trafen wir uns wieder. »Wegen dir habe ich mir letzte Woche auch so ein paar Vegetarierschuhe gekauft. Aber das war der reine Fehlkauf. Da löst sich schon die Sohle!« »Bei mir leider auch«, musste ich kleinlaut zugeben. »Aber mein Schuster um die Ecke hat einen Superkleber. Der stinkt zwar fürchterlich nach Chemie und Lösungsmitteln, hält aber den Öko-Schuh bombig zusammen.«

Heute ist alles besser. Der Schuhhersteller von damals ist schon lange pleite und bei den heutigen Öko-Schuhen hält fast immer auch die Sohle. Chrom-VI ist zumindest in Deutschland verboten, und in Europa gibt es für einige Lederprodukte wie Arbeitsschuhe sogar Chrom-VI-Grenzwerte. Nur bei Kinderschuhen lässt der Grenzwert noch auf sich warten.

Auch unsere übrige Kleidung birgt so manches Umweltproblem. Baumwolle ist ein beliebter Rohstoff für Hemden, T-Shirts und Hosen. Rund vier Kilogramm Baumwolle braucht durchschnittlich ein Erdenbürger pro Jahr. Baumwolle wird meist in großen Monokulturen angebaut. Die sind aber auch bei Insekten sehr beliebt. Daher kommen gigantische Mengen an Pflanzenschutzmitteln zum Einsatz. Rund ein Viertel aller Insektizide sollen weltweit auf Baumwollplantagen versprüht werden. Für die Arbeiter auf den Baumwollfeldern ist das alles andere als gesund. Ähnlich wie Lebensmittel lässt sich auch Baumwolle kontrolliert biologisch ohne chemischen Pflanzenschutz anbauen. Das ist aber aufwändiger und teurer. Das Ein-Euro-T-Shirt lässt sich so nicht produzieren. Der Anteil der Biobauwolle liegt daher weltweit immer noch unter einem Prozent. Aber immerhin verirrt sich ab und an sogar das eine oder andere Stück aus Biobaumwolle zu den großen Handelsketten und Discountern.

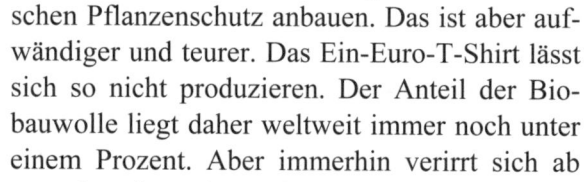

Schurwolle ist aus ökologischen Aspekten auch nur bedingt eine Alternative. Wolle stammt bekanntermaßen von Schafen. An der traditionellen Schafzucht auf der grünen Wiese ist erst einmal nicht viel auszusetzen. Aber die Massentierhaltung von Schafen nimmt immer mehr zu. Tierschützer bemängeln besonders, dass Schafe sehr oft brutal geschoren werden. Manches Schaf soll nach dem Kahlschnitt gar auf der Weide erfroren sein. Zeit ist Geld – das gilt auch für Schafe. Weit über hundert Tiere gehören zum Tagessoll von Mitarbeitern einer Schurkolonne. Selbst gutgehende Cut-and-go-Frisöre können von solchen Durchsätzen nur träumen. Mit einer Ein-

Chromfreie Stiefel und Bioshirts

Euro-Rasur ließe sich das vielleicht erreichen. Möglicherweise ist der One-minute-cut-and-go-Frisör noch eine Marktlücke. Ich würde mir dann aber doch lieber selbst die Haare schneiden. Schafe können das leider nicht.

Mode aus Hanf gilt als ökologische Alternative. Beim Anbau werden keine Unkrautvernichtungsmittel benötigt, weil die Pflanzen bereits nach wenigen Tagen den Boden vollständig beschatten. Das lässt Unkräutern keine Chance mehr zum Keimen. Außerdem ist Hanf äußerst schädlingsresistent und pflegeleicht. Die Stoffe sind allerdings etwas robuster, was ein Vor- und Nachteil sein kann. Zurecht sagt der Volksmund: »Hanf knittert edel.« Hanf ist auch unter dem lateinischen Namen »Cannabis Sativa« bekannt. In Verruf gekommen ist die Pflanze durch ihren THC-Gehalt. Darum lassen sich aus ihr hervorragend Rauschmittel wie Haschisch herstellen. Da liegt die Idee nahe, sein Hanf-T-Shirt zu rauchen, um Glücksgefühle zu bekommen. Das klappt aber bestenfalls, wenn die Ex-Freundin an der Tür klingelt: »Hallo. Das ist mein neuer Freund. Wir wollen nur meine Sachen holen. Wo ist mein Lieblings-T-Shirt?« »Ach, du meinst das, an dem du so hängst? Sorry, das habe ich gestern geraucht. Ich brauchte was zur Beruhigung.« Wirklich high werden kann man von Hanftextilien allerdings nicht. Als Nutzhanf für die Textilherstellung werden nämlich meist THC-arme Sorten angebaut.

Ein Großteil der Textilien wird aus synthetischen Stoffen gefertigt. Zur Herstellung von Viskose dienen natürliche Rohstoffe wie Holzfasern. Polyester, Polyacryl,

Polyamid oder Polyethylen sind rein synthetische Produkte. Synthetische Fasern können Feuchtigkeit schlecht aufnehmen. Bestes Beispiel dafür sind PET-Getränkeflaschen und Müllbeutel, die auch aus den aufgezählten Produkten hergestellt werden. Manchmal ist die Ursache von Schweißfüßen daher nicht in der menschlichen Biologie, sondern im Strumpfmaterial zu suchen. An einigen Stellen haben aber Kunstfasern durchaus Vorteile: Welche Frau würde schon ihre sexy Nylonstrumpfhosen gegen labberige Baumwoll- oder kratzige Hanfbeinkleider eintauschen wollen?

Stoffe aus reinem Hanf, Schurwolle oder Baumwolle aus biologischem Anbau enthalten meist fast keine Schadstoffe. Auch viele synthetische Stoffe sind unbedenklich. Selbst bei Baumwolle aus konventionellem Anbau finden sich meist nur noch Spuren der eingesetzten Pflanzenschutzmittel. Bis aus dem Stoff das fertige Kleidungsstück entsteht, kommt allerdings noch kräftig Chemie zum Einsatz. Blei- und arsenhaltige Farbstoffe oder formaldehydhaltiger Knitterschutz zählen zu den häufig verwenden Stoffen. Besondern bei synthetischen Fasern ist das Wissen der Chemiker gefragt. Kunstfasern nehmen nämlich nicht alle Farbstoffe problemlos an.

Bei manchen Bekleidungsdiscountern sticht einem der Chemiecocktail beim Betreten des Ladens förmlich in die Nase. Auch Markenprodukte sind vom üppigen Chemieeinsatz nicht sicher. Bestimmte Labels sollen dem Verbraucher garantieren, dass die gekauften Textilien »schadstoffgeprüft« sind. Schadstoffgeprüft bedeutet allerdings nicht schadstofffrei. Es wird dabei lediglich untersucht, ob gängige Schadstoffe wie Arsen, Blei oder

Formaldehyd bestimmte Grenzwerte nicht überschreiten. Immerhin fordert der Öko-Tex-Standard 100, dass das gefährliche Chrom-VI nicht nachweisbar sein darf.

Wer absolut sicher auf alle Schadstoffe in seinen Textilien verzichten möchte, findet bei Hans Christian Andersen kompetenten Rat. So sind bei »Des Kaisers neuen Kleidern« mit Sicherheit keinerlei Schadstoffe nachweisbar. Für unsere Breitengrade hat jedoch der ökologisch optimale Modevorschlag des dänischen Schriftstellers einen entscheidenden Nachteil: Es wird fürchterlich kalt im Winter. Als Abhilfe wäre dann auch mal ein Kleidungsstück aus biologischem Anbau und ökologischer Produktion gar keine so schlechte Idee.

Öko-Mode

Im Gegensatz zu Bio-Lebensmitteln ist Bio-Kleidung deutlich schwerer zu bekommen. Die großen Bekleidungsketten führen nur sehr vereinzelt ökologisch korrekte Mode aus Bio-Baumwolle, die auf Neudeutsch auch »Organic Cotton« heißt, und noch seltener Schuhe aus pflanzlich gegerbtem Leder. Stoffe aus Hanf gelten auch als ökologische Alternative. Wer im Laden nicht fündig wird, kann sein Glück auch im Internet versuchen.

www.oeko-mode.info
www.oeko-tex.com
www.pan-germany.net/baumwolle

Wassermangel auf dem Blauen Planeten

Wasser ist unser Leben. Ohne Flüssigkeit überstehen wir nicht einmal wenige Tage. Wasser ist also kostbar und es ist knapp. Darum müssen wir Wasser sparen, so gut es geht. Wasserverschmutzung ist ein Kapitalverbrechen und gutes Trinkwasser bekanntermaßen eine Rarität. Doch auch hier gilt: Das Gegenteil von gut ist gut gemeint. Nicht all unsere Aktionen zum Schutz des Wassers ergeben einen Sinn, und so manche Kloake treibt selbst Experten den Schweiß auf die Stirn.

Gigantische Mengen an Wasser prägen das Äußere unseres Heimatplaneten. Unsere Erde trägt nicht ohne Grund den Beinamen »Blauer Planet«. Marsbewohner

würden sich totlachen, wenn sie erführen, dass wir Erdianer uns Gedanken um Wasserknappheit machen und gar zum Wassersparen aufrufen. Unser Problem mit dem vielen Wasser auf der Erde ist, dass wir Menschen mit dem meisten davon nichts anfangen können. In der Regel ist es zu salzig zum Trinken. Und haben wir einmal leckeres Süßwasser gefunden, machen es uns bösartige Keime wieder streitig.

Der Wasserverbrauch in Industrieländern ist enorm. In Deutschland ist der tägliche Haushaltsverbrauch in den letzten hundert Jahren von 20 auf 110 Liter pro Kopf emporgeschnellt. Der gigantische Wasserverbrauch der Industrie und Kraftwerke kommt da noch hinzu. Legt man den auf die Bevölkerung um, benötigt jeder von uns täglich weit mehr als tausend Liter frisches Wasser. Bei Wasser, das wir nicht direkt verbrauchen, spricht man auch von »virtuellem Wasser«. Für die Produktion einer Tasse Tee werden beispielsweise 35 Liter Wasser aufgewendet. 200 Liter Wasser sind nötig, bis ein Liter Milch in der Tüte steckt, und die Herstellung eines Kilogramms Rindfleisch verschlingt sogar sagenhafte 15 000 Liter. Die Kuh hat ja schließlich auch Durst und will gewaschen werden. Man könnte meinen, dass in regenärmeren Ländern Wassersparen groß in Mode ist. Das Gegenteil ist der Fall. Ein spanischer und ein italienischer Haushalt verbrauchen fast doppelt so viel Wasser wie ein deutscher, ein US-amerikanischer sogar das Dreifache. Auch in punkto Wasserverbrauch sind wir Deutschen also wieder einmal vorbildlich – zumindest wenn man sich die richtigen Länder zum Vergleich heraussucht.

Verbrauchen lässt sich Wasser allerdings nicht. Ansonsten wäre das Nass irgendwann einmal weg und unser Blauer Planet ein zweiter roter Planet. Genau genommen machen wir das »verbrauchte« Wasser nur dreckig. Was wir trinken, schwitzen oder pieseln wir auch wieder aus. Wasser zum Waschen landet im Abfluss und ein Drittel unseres täglichen Verbrauchs spülen wir direkt durchs Klo. Zum Glück lässt sich aber Wasser auch wieder reinigen. Über Jahrtausende hat Mutter Natur die Säuberung übernommen. Schmutz setzt sich am Boden von Flüssen und Meeren ab, Bakterien verdauen organische Bestandteile und schließlich verdunstet die Sonne das kostbare Nass, das dann als sauberer Regen wieder zu uns gelangt. Damit ist der endlose Kreislauf des Wassers geschlossen.

Unser heutiges Duschwasser war also möglicherweise schon mal ein britischer Nachmittagstee. Und unser morgiges Kaffeewasser hat vielleicht auch schon ein antiker Römer im Mund gehabt.

Heute verschmutzen wir solch gigantische Mengen an Wasser mit zum Teil hochgiftigen Substanzen, dass Mutter Natur mit der Reinigung überfordert  ist. Also muss der Mensch mit Kläranlagen nachhelfen. In Deutschland sind deshalb gut 96 Prozent der Bevölkerung an die Kanalisation angeschlossen. Dazu haben wir über 400 000 Kilometer an Kanalrohren vergraben. Damit käme man auch locker bis zum Mond und könnte die Marsbewohner noch mehr zum Staunen bringen.

Seit einigen Jahren machen sich die deutschen Wassersparbemühungen auch bei den Abwassermengen bemerkbar – diese gehen zurück. Was aus Umweltschutzgründen erst einmal erfreulich ist, bereitet manchem Kläranlagenbetreiber Kopfzerbrechen. In Erwartung ständig steigender Schmutzwassermengen sind nämlich einige Anlagen in Deutschland überdimensioniert worden. In der Praxis ist das aber nicht wirklich schlimm – das lässt sich ja glücklicherweise durch steigende Abwassergebühren wieder kompensieren. Als Folge sind diese in einigen Gemeinden bereits weltrekordverdächtig. Ursache ist aber nicht der viel gescholtene teure Umweltschutz, sondern Fehlplanungen in der Vergangenheit.

Überdimensionierte Abwasserleitungen bei rückläufigem Wasserverbrauch bringen noch andere Probleme mit sich. Als ich kürzlich von der Arbeit nach Hause kam,

Wassermangel auf dem Blauen Planeten

erwartete mich ein kleiner See auf der Straße. Die Quelle war schnell gefunden. Einige hundert Meter weiter schoss aus einem armdicken Schlauch an einem Hydranten munter das kühle Nass. »Dat läuft hier schon den janzen Tach«, klärte mich ein Nachbar auf. Erst kürzlich hatten uns unsere Wasserbetriebe mit einem netten Flyer zum sparsamen Umgang mit Wasser ermuntert. Die darauf vermerkte Hotline lieferte schließlich ganz trocken die Erklärung: »Keine Sorge. Das ist ganz normal. Wir spülen gerade die Wasserleitung. Wir schicken heute vielleicht noch jemand, der das wieder abstellt.«

An einigen Orten reichen die geringen Trink- und Abwassermengen nicht mehr aus, um die Leitungen richtig durchzuspülen. Darum verkeimen die Trinkwasserleitungen und die Kloake fließt nicht mehr ordentlich zur Kläranlage. Als Konsequenz müssen einige Wasserbetriebe die Leitungen von Zeit zu Zeit kräftig mit Trinkwasser durchspülen – gut, dass wir das dafür benötigte Wasser vorher mühsam eingespart haben.

Dabei werden die Methoden zum Wassersparen immer raffinierter. Erst neulich kam ich in den Genuss eines modernen Pissoirs. Als ich spülen wollte, um den bestialischen Gestank in der Toilette zu vertreiben, stieß ich nach längerem Suchen auf ein kleines Schild: »Wasserfrei – der Umwelt zuliebe«. Ich war versucht »Und der Nase zum Feind« dazuzuschreiben. Künftig sollen sogar die aus dem Flugzeug oder ICE bekannten Vakuumtoiletten in Wohnräumen Einzug halten. Das verschärft zwar in einigen Regionen das beschriebene Problem mit den nicht ausreichend durchspülten Abwasserleitungen, aber auch hierfür gibt es bereits kreative Lösungsvorschläge:

»Wir empfehlen, nach dem großen Geschäft ein erfrischendes Vollbad zu nehmen.«

Dabei ist Wassersparen alles andere als sinnlos. Durch die Klimaänderungen werden bei uns die Sommer immer trockener. Lokale Wasserengpässe sind dann vermutlich nicht zu vermeiden. In anderen Regionen der Erde ist Wassermangel bereits Alltag.  Spanien leidet seit Jahren an zu wenig Regen. Die Wasservorräte und Wasserstände in Stauseen sinken in jedem Sommer auf immer neue Minusrekorde. Stark steigende Verbräuche durch Landwirtschaft und Tourismus verschärfen noch die Situation. Als Lösung sollte Wasser aus dem Fluss Ebro in Nordspanien über ein mehrere Milliarden Euro teures Kanal- und Pipelineprojekt in den hunderte von Kilometern entfernten Süden umgeleitet werden. Proteste aus der Bevölkerung stoppten erst einmal das Projekt. Meerwasserentsalzungsanlagen sollen nun den Wassermangel mindern. Diese brauchen aber viel Energie und setzen große Mengen an Kohlendioxid frei. Damit verschlechtert die Wasserproblematik auch noch die bereits katastrophale spanische Klimaschutzbilanz. Da sollte man vielleicht doch noch einmal über wassersparende Vakuumtoiletten nachdenken. Möglicherweise reicht es aber auch erst einmal, leckende Wasserhähne und Toilettenspülungen abzudichten. Die sind mir nämlich nicht nur in Spanien ein permanentes Ärgernis. Auch bei uns empfiehlt es sich, schleichendem Wasserverlust auf den Grund zu gehen. »Schatz, hörst du nicht, dass der Wasserhahn schon wieder tropft?« »Reg

Wassermangel auf dem Blauen Planeten

dich nicht so künstlich auf. Aus der Leitung kommt doch nur stilles Wasser.«

Welche Katastrophen eine heruntergewirtschaftete Wasserversorgung auslösen kann, zeigt das Beispiel Simbabwe. Eine Cholera-Epidemie forderte dort im Jahr 2009 mehrere tausend Todesopfer. In Europa gehören solche Ereignisse der Vergangenheit an. Die letzte deutsche Cholera-Epidemie in Hamburg datiert auf das Jahr 1892. Seitdem scheint das Misstrauen gegenüber dem Wasser aus der Leitung auch in Deutschland fest verankert zu sein.

Nur so ist zu erklären, dass das Angebot und der Konsum von Mineralwasser in Flaschen in Deutschland weltweit zur Spitze zählen. Rund zehn Milliarden Liter an eingeflaschtem Mineralwasser gehen in Deutschland jährlich über den Ladentisch. Würde man alle in einem Jahr ausgetrunkenen Wasserflaschen in Getränkekisten packen und diese übereinanderstapeln, reichte der Stapel fast bis zum Mond – die Marsbewohner kämen aus dem Staunen nun gar nicht mehr heraus.

Ökologisch gesehen ist Flaschenwasser aber alles andere als vernünftig. Nachdem die Mineralwässer in Flaschen und Kisten gefüllt wurden, werden sie oft hunderte von Kilometern durch die Republik bis zu den Kunden gekarrt. So können die Menschen in Norddeutschland Flaschenwasser aus dem tiefsten Süden genießen und umgekehrt. Die leeren Flaschen werden dann mühselig dem Recycling zugeführt, und so mancher hat sich mit den schweren Wasserkisten auch noch das Kreuz verhoben. Dabei landet am Ende nicht nur Wasser aus Deutschland im Trinkbecher. Eine Kaufhauskette hatte kürzlich sogar eine Aktionswoche mit Mineralwasser aus Australien.

Im Gegensatz zu Simbabwe unterscheidet sich die Qualität von Trinkwasser aus der Leitung in Deutschland praktisch nicht von Flaschenwasser. Das garantieren häufige gesetzlich vorgeschriebene Kontrollen. Mineralwässer haben, wie der Name schon sagt, einen höheren Gehalt an Mineralien. Aber auch Leitungswasser enthält einige Mineralien – beispielsweise Kalzium. Das beweisen die lästigen Kalkablagerungen.

In einigen Flaschen sind sogar mehr Schadstoffe enthalten als im Leitungswasser. Bei Kunststoffflaschen können sich Stoffe aus der Verpackung lösen und ins  Wasser übergehen. Lediglich in Einzelfällen, wenn beispielsweise in unsanierten Altbauten noch uralte Bleileitungen verlegt sind, kann Leitungswasser belastet sein. Ein anderer Kritikpunkt an einigen Mineralwässern sind Uran- und Nitratbelastungen. Beides gibt es auch in reinen Quellgebieten und ist auf Dauer nicht gesundheitsförderlich. Diese Schadstoffe finden sich aber ebenfalls im Leitungswasser einiger Gemeinden. Selbst Meerwasser enthält Uran. Befürchtungen, dass Terroristen aus Wasser ausreichende Uranmengen zum Bau von Atombomben gewinnen könnten, sind allerdings unbegründet. Die Urankonzentration ist dazu nämlich zu gering und das Gewinnen des Urans zu aufwändig.

Ökonomisch schneidet Flaschenwasser ebenfalls sehr schlecht ab. Der Liter Trinkwasser aus der Leitung kostet weniger als einen Cent. Die Kohlensäure lässt sich preiswert mit Sprudelwassermaschinen beifügen. Bei einem

Durchschnittskonsum von 130 Litern Mineralwasser pro Jahr und Kopf lassen sich leicht hundert Euro einsparen. In einigen Fällen hat Flaschenwasser aber trotzdem überzeugende Vorteile. »Schatz, hast du mir eine Flasche Wasser für die Wanderung eingepackt?« »Nein, aber ich habe vorhin einen Wasserhahn im Baumarkt gekauft. Den kannst du gerne mitnehmen. Du wollest ja aus Umweltgründen nur noch Wasser aus dem Hahn trinken.«

Wer strahlt da heimlich vor sich hin?

Handys, Radios, Funkgeräte, Mikrowellen, Sendemasten, Stromleitungen, Computermonitore und Induktionsherde haben eines gemeinsam: Sie machen krank. Diese Geräte sind Quellen von gefährlichem Elektrosmog. »Wer sich ihnen nähert, spielt mit seiner Gesundheit«, wissen die Elektrosmogmahner. »Alles Quatsch«, meinen Skeptiker: »Beweise gibt es nicht.« Aber was stimmt denn nun? Können wir ungestraft mobil telefonieren, oder riskieren wir damit gar unser schnelles vorzeitiges Ableben?

Als ich vor einigen Jahren während eines längeren Spanienaufenthalts sehr intensiv arbeitend vor dem Computer saß, brüllte mich urplötzlich eine laute, krächzende Stimme direkt aus dem PC-Lautsprecher an: »No te  muevas. Vengo a recogerte.« Das bedeutet so viel wie: »Bewege dich nicht. Ich komme, um dich zu holen.« Entsetzt rief ich meiner Frau zu: »Schatz, meine letzte Stunde hat geschlagen.« Sie kam lachend zu mir an den Schreibtisch: »Stell dich nicht so an. Hier fährt morgens immer der Gasmann vorbei. Seinen Funk hören wir dann bei uns im Computer. Der holt gerade seinen Kumpel ab.«

»Bueno!« Mir fiel ein Stein vom Herzen. Es war nicht der Sensenmann, der aus dem Lautsprecher zu mir sprach, sondern nur ein Autofahrer. Sein Funkgerät strahlte ein Signal aus, das meinen Computerlautsprecher zum Reden brachte – unsichtbar, unheimlich und mysteriös, aber in dem Fall doch ziemlich harmlos. Physikalisch ist das Mysterium gut zu erklären. Ein Funkgerät sendet seine Botschaften in Form von elektromagnetischen Wellen in die Umwelt. Das heißt, es sendet elektromagnetische Strahlung aus. Auch wir Menschen werden von dieser Strahlung nicht verschont. Unser Ohr funktioniert nur mit Schallwellen und nicht mit elektromagnetischen Wellen. Zum Empfangen von Funkgesprächen wäre das zwar recht praktisch. Personenschützer bräuchten dann beispielsweise nicht mehr den berühmten Knopf im Ohr. Wir müssten dann aber auch ständig all die wichtigen und unwichtigen Gespräche mithören, die nicht für uns gedacht sind.

Unser Empfangsorgan für elektromagnetische Wellen ist – so merkwürdig es auch klingt – das Auge. Dass wir Funkgespräche nicht sehen können, liegt daran, dass unser Auge nur einen Teil der elektromagnetischen Strahlung sehen kann. Um die unsichtbare Strahlung des Funkgeräts wahrnehmbar zu machen brauchen wir einen Empfänger und einen Lautsprecher, der uns dann sogar aus dem Computer heraus erschrecken kann.

Der Begriff der elektromagnetischen Strahlung ist sehr weit gefasst. Man unterscheidet zwischen radioaktiver Strahlung, Röntgenstrahlung, ultravioletter Strahlung, sichtbarer Strahlung, infraroter Strahlung, Mikrowellenstrahlung, Rundfunkstrahlung und extrem langwelliger Strahlung durch Wechselstromleitungen.

Die Wahrheit zur elektromagnetischen Strahlung ist bitter: Alles, aber auch wirklich alles in unserer Umgebung strahlt. Die Sonne strahlt. Einen Teil der Sonnenstrahlung können wir sehen. Unser Fernseher strahlt.

Wenn wir nicht gerade davor eingeschlafen sind, können wir das auch sehen. Selbst wir Menschen strahlen. Das zeigt zum Beispiel eine Infrarotkamera. Funkgeräte, Handys und andere elektronische Geräte strahlen ebenfalls, wie es der Computerlautsprecher gezeigt hat.

Nicht jede Strahlung ist aber zwangsläufig gefährlich. Radioaktiver Strahlung, Röntgenstrahlung und ultravioletter Strahlung geht man bekanntermaßen besser aus dem Weg. Diese Strahlung ist sehr energiereich und kann Moleküle und Zellen zerstören. Auf Dauer ist das alles andere als gesund. Anders ist das bei sichtbarem Licht. Niemand würde bei einem romantischen Sonnenuntergang der Freundin im Arm zuflüstern: »Schau da ja nicht hin. Das ist gefährliche rote elektromagnetische Strahlung.« Lebensgefahr geht von dem abendlichen roten Licht nicht aus. Empfindliche Personen können aber auch von einem hübschen Sonnenuntergang Kopfschmerzen oder Migräne bekommen.

Elektrogeräte strahlen in der Regel energieärmere Infrarot-, Mikrowellen-, Radar-, Rundfunk- oder extrem langwellige Strahlung aus. Diese Arten der Strahlung kommen auch natürlich vor. Stammen sie von Elektrogeräten, fallen sie unter den Begriff »Elektrosmog«. Die Energie dieser Elektrosmog-Strahlung reicht nicht aus, um Zellen direkt zu zerstören. Ähnlich wie der Sonnenuntergang kann aber auch diese Strahlung unerwünschte Nebenwirkungen haben.

Mikrowellenstrahlung nutzen wir beispielsweise zum Erwärmen von Speisen. Dass sie auf Dauer nicht gesund ist, lässt sich beispielsweise an einer Katze ausprobieren. So kursiert die Geschichte, eine alte Dame in den USA habe versucht, ihre nasse Katze in der neuen Mikrowelle zu trocknen. Als das liebe Tier das nicht überlebte, erstritt sie einen hohen Schadensersatz vom Gerätehersteller.

Eine andere drastische Geschichte erzählt Ähnliches von einem alten Herrn. Dessen Pudel sei in der Mikrowelle nicht nur verendet, sondern regelrecht explodiert. Seitdem tragen alle Mikrowellen in den USA die Aufschrift »Nicht zum Trocknen von Tieren geeignet!« In einem Land, in dem eine Frau von einer Burgerkette einen hohen Schadensersatz einklagte, weil sie sich am heißen Kaffee verbrühte, sind solche Geschichten nichts Verwunderliches. Bei einer Burgerkette stelle ich mir allerdings die Frage, warum es noch keiner mit einer Schadensersatzklage für das Essen probiert hat. Im Gegensatz zum Kaffee ist die Geschichte mit der Mikrowelle – zum Glück für die Haustiere – allerdings nicht wahr, sondern lediglich ein modernes Märchen.

Dabei hat auch diese Geschichte durchaus einen wahren Kern. Eine Katze oder ein Hund würden ein längeres Trocknen in der Mikrowelle tatsächlich nicht überleben. Die Mikrowelle erzeugt langwellige Strahlung, die einige Zentimeter tief in Speisen, aber eben auch Hunde oder Katzen eindringt. Dabei zerstört die Strahlung nicht direkt Zellen und Gewebe, wie das zum Beispiel Röntgenstrahlung machen würde. Anders als bei einem Röntgengerät ist eine Mikrowellenbestrahlung an sich erst einmal ungefährlich. Die Mikrowellen erwärmen lediglich das Gewebe, speziell das darin enthaltene Wasser. Ein längerer Aufenthalt in einem Mikrowellengerät würde allerdings zu schweren inneren Verbrennungen und auch irgendwann zum Tode führen. Den gleichen Effekt könnte man aber auch erzielen, wenn man eine Katze oder einen Hund längere Zeit auf einen Holzkohlengrill setzt. Der Vorteil des Grills ist aber, dass das Haustier herunterhüpfen kann, wenn es ihm zu heiß wird. Vermutlich tragen Grills daher nicht die Aufschrift: »Nicht zum Trocknen von Tieren geeignet!« Hier besteht ganz klar noch eine Marktlücke für amerikanische Anwälte. Schließlich gibt es jährlich mehr Grillunfälle als Mikrowellenunfälle.

Ähnlich wie Mikrowellen strahlen auch schnurlose Telefone, Handys, Computer mit WLAN-Anschluss oder Babyphone. Wer selbst auf solche Geräte verzichtet, wird von Nachbarn oder öffentlichen Sendemasten mit Strahlung traktiert. Möchte man einen Ort finden, der nicht durch und durch mit Strahlung verseucht ist, muss man schon in abgelegene Wüsten oder Polarregionen flüchten.

Der Begriff »Elektrosmog« beschreibt also die Gefahr der zunehmenden Strahlungsverseuchung. Während die Schädlichkeit von radioaktiver Strahlung, UV- und Röntgenstrahlung allgemein anerkannt ist, streitet man darüber beim Elektrosmog noch heftig. Einige Studien zeigen die Gefährlichkeit von Elektrosmog, andere widerlegen sie. In der Praxis wird dazwischen auch ganz klar getrennt: »Hallo, Susi. Ich bin's. Bin gerade im Sonnenstudio – du weißt schon, das am AKW. Ich werd' ein Stündchen UV-Licht tanken. Ich hab' hier eben krass was gelesen. Handytelefonieren soll voll ungesund sein, wegen Elektrosmog und so.«

Der Hauptunterschied zwischen einem Handy und einem Mikrowellengerät ist die Strahlungsleistung. Würde ein Handy mit der gleichen Power wie eine Mikrowelle senden, könnten wir damit bei längeren Gesprächen unser Gehirn grillen. Auch ein normales Handy verursacht eine Erwärmung. Wegen der relativ geringen Sendeleistung beträgt diese aber nur wenige Zehntel Grad Celsius. Aus Sicht der Wissenschaftler sind daher ernsthafte direkte Schäden durch Handytelefonieren eher unwahrscheinlich, aber auch nicht wirklich ausgeschlossen. Aber der langjährige Breitentest mit Millionen von Anwendern läuft ja auch noch. Bei einigen mobilen Vieltelefonierern stellt sich allerdings die Frage, ob das Handy nicht schon mal aus Versehen mit zu viel Power gesendet hat.

Um eine gefährliche Körpererwärmung auszuschließen, sind Mikrowellengeräte abgeschirmt und Sendemasten mit hoher Sendeleistung vor Zutritt geschützt. Elektrosmogmahner fühlen sich aber nicht von ein paar Zehntel Grad Körpergewebeerwärmung bedroht. Sie meinen, Elektrosmog löse nachweislich Befindlichkeits- und Gesundheitsschäden bis hin zu Krebserkrankungen aus.

Ein Radar arbeitet beispielsweise auch mit Mikrowellen. Und bei der Bundeswehr und der NVA sind reihenweise Radartechniker an Krebs erkrankt. Um Radarwellen zu erzeugen, kamen dort Senderöhren zum Einsatz, die neben der gewünschten Elektrosmog-Radarstrahlung auch Röntgenstrahlung aussendeten. Wird die Röntgenstrahlung nicht korrekt abgeschirmt, können Techniker in unmittelbarer Nähe des Radargeräts gefährlich verstrahlt werden – allerdings nicht durch Elektrosmog, sondern durch Röntgenstrahlung.

Dass auch Mobilfunkstrahlung echte Befindlichkeitsstörungen hervorrufen kann, zeigt eine Studie einer englischen Universität. Hierbei wurden Versuchsteilnehmer in einem Labor in Experimenten gezielt Mobilfunkstrahlung ausgesetzt. Ein Teil der Probanden klagte nach dem Elektrosmogversuch über Kopfschmerzen, Übelkeit und grippeähnliche Symptome. Ärzte konnten bei den Betroffenen Änderungen der Herzfrequenz und der Hautfeuchtigkeit messen. Auch in den folgenden  Experimenten traten die gleichen gesundheitlichen Probleme auf. Etliche Versuchsteilnehmer mussten daraufhin wegen massiver gesundheitlicher Beschwerden den Test sogar beenden. Der einzige Unterschied zu den anfänglichen Experimenten war, dass bei den zweiten Versuchen die Sender gar nicht in Betrieb waren. Die Beschwerden traten also völlig unabhängig davon auf, ob Elektrosmog vorhanden war oder nicht. Es war ausreichend, dass die Teilnehmer glaubten, sie wären einer Strahlung ausgesetzt. Der reine Anblick eines Mobilfunkmastes ist also schon gefährlich. Wissenschaftler nennen das den Nocebo-Effekt. Das ist sozusagen der umgekehrte Placebo-Effekt.

Viele Studien haben bislang versucht, schwere Gesundheitsschäden durch Elektrosmog nachzuweisen. Ein wirklich belastbarer, allgemein anerkannter wissenschaftlicher Beweis ist bislang jedoch nicht gelungen. Für die meisten Studien gibt es Gegenstudien, die alles widerlegen. Dabei hat elektromagnetische Strahlung durchaus nachweisbare Auswirkungen auf Lebewesen. Vögel orientieren sich beispielsweise am Magnetfeld der Erde.

 Starker Elektrosmog zum Beispiel in der Nähe von Hochspannungsleitungen kann das Magnetfeld verzerren. So mancher Vogel hat sich deshalb schon verflogen. Selbst Kühe und Hirsche sollen über einen Magnetsinn verfügen. Die Tiere, so fanden den Wissenschaftler mit Satellitenbildern heraus, stellen sich beim Grasen auffällig oft in Nord-Süd-Richtung auf. In der Nähe von Hochspannungsmasten stehen sie hingegen meist kreuz und quer. Es bleibt allerdings offen, ob dieses Phänomen auf Menschen übertragbar ist. Entsprechende Satellitenbilder werden vermutlich noch ausgewertet. Die Ausrede, man habe nach einer durchzechten Nacht wegen Elektrosmogs den Heimweg nicht gefunden, dürfte bis dahin wenig hilfreich sein.

Wirklich ausschließen lassen sich negative Einflüsse durch Elektrosmog nicht. Wir befinden uns also mitten in einem globalen Massenversuch. Röntgenstrahlung hat man bei ihrer Entdeckung auch für völlig harmlos gehalten und erst später bemerkt, dass sie Krebs verursacht. Marie Curie bekam im Jahr 1903 für ihre Arbeiten zur Radioaktivität den Physiknobelpreis. 1934 starb sie an Krebs infolge der häufigen Strahlenbelastung. An Krebs durch Elektrosmog mögen viele Wissenschaftler nicht glauben. Oft vergehen aber viele Jahre, bis schädliche Folgen einer Technologie zweifelsfrei nachzuweisen sind. Unser Gehirn und Nervensystem funktionieren mit elektrischen Signalen. Da ist es durchaus denkbar, dass Elektrosmog hier einiges durcheinander bringt, was wir heute noch nicht verstehen.

Grund genug, sich nicht mehr Elektrosmog auszusetzen als dringend nötig. Einige dubiose Anbieter profitieren von der allgemeinen Elektrosmog-angst und preisen beispielsweise überteuerte Abschirmmatten für Betten als Wundermittel gegen nächtlichen Elektrosmog an. Aus Sicht der Physik sind solche Matten aber absolut nutzlos. Sie verstärken sogar die Felder im Bett. Für eine wirksame Abschirmung wäre schon ein geschlossener Käfig  um das Bett erforderlich. Einige Käufer preisen dennoch den positiven Effekt solcher Matten. Medizinisch könnte der Placebo-Effekt der Matte durchaus dem Nocebo-Effekt des Elektrosmogs entgegenwirken. In anderen Worten: Wenn man daran glaubt, dass etwas nicht mehr da ist, wovon man vorher geglaubt hat, es mache krank, glaubt man von da an, man sei geheilt.

Sinnvoller ist es, dem Elektrosmog so gut es geht aus dem Weg zu gehen. Mit doppeltem Abstand geht nämlich die Strahlenbelastung bereits auf ein Viertel zurück. Wer empfindlich auf den Sendemast am Stadtrand reagiert, sollte konsequenterweise auch den Radiowecker vom Nachtisch räumen und erst recht die elektrische Heizdecke aus dem Haus verbannen.

Eine allgemein anerkannte Gefahr des Elektrosmogs ist die Störung anderer Elektrogeräte. So reagieren Herzschrittmacher beispielsweise empfindlich auf elektromagnetische Felder. Das Bedienen eines energiesparenden aber strahlungsreichen Induktionsherdes kann daher für Träger von Schrittmachern zur Zubereitung des letzten Mahles werden. Handytelefonieren ist im Flugzeug nicht etwa verboten, weil die Fluggesellschaften ihre Kunden vor Elektrosmog schützen wollen. Es geht eher darum, dass das Handy die empfindliche Bordelektronik beeinflussen könnte. Im besten Fall verfliegt sich dann das Flugzeug.

Selbst im Auto kann das Handy höchst riskant werden: »Hast du gelesen: Es ist mal wieder einer ums Leben gekommen, weil er am Steuer mit dem Handy telefoniert hat.« »Siehst du, ich habe ja schon immer gesagt, Elektrosmog ist sehr gefährlich.«

Elektrosmog

Elektrosmog steht für die Strahlenbelastung durch künstlich erzeugte elektrische und magnetische Felder. Alle Elektrogeräte und Elektroleitungen verursachen derartige Felder. Unterschiede gibt es bei der Stärke und der Frequenz. Normale Elektrogeräte arbeiten mit niederfrequentem 50-Hertz-Wechselstrom. Hier schwingt der Strom 50 mal pro Sekunde. Mobilfunk, WLAN, Radio- und TV-Sender arbeiten mit hochfrequenten Schwingungen bis zu mehreren Gigahertz, also mehreren Milliarden Schwingungen pro Sekunde.

Folgen von Elektrosmog

Elektrische Geräte können sich durch Elektrosmog gegenseitig stören oder gar ausfallen. Bei wichtigen elektrischen Geräten kann dies gefährlich sein. Die Auswirkungen von Elektrosmog auf die Gesundheit sind umstritten.

Allgemein anerkannt ist, dass Elektrosmog Körpergewebe erwärmen und auch Körperströme hervorgerufen kann. Als mögliche Folge wird eine breite Palette an Erkrankungen, angefangen von Alzheimer über Herzbeschwerden bis hin zu Krebserkrankungen, genannt. Allgemein anerkannte medizinische Beweise gibt es dafür aber in der Regel bislang nicht.

SAR-Wert

SAR ist die Abkürzung für spezifische Absorptionsrate. Sie gibt an, wie viel elektromagnetische Strahlung von einem biologischen Gewebe absorbiert und dadurch erwärmt wird. Der SAR-Wert wird beispielsweise für Mobiltelefone bestimmt. Der Grenzwert der Weltgesundheitsorganisation liegt bei 2 W/kg. Für den Blauen Engel dürfen nur 0,6 W/kg erreicht werden.

Elektrische und magnetische Feldstärke

Elektrische und magnetische Felder treten immer in Kombination auf. Die elektrische Feldstärke wird in Volt pro Meter (V/m) gemessen, die magnetische Flussdichte in Telsa (T), beziehungsweise die magnetische Feldstärke in Ampere pro Meter (A/m). Mit der Entfernung zur Strahlungsquelle nehmen die Felder schnell ab. Bei einem zehnfachen Abstand sinken sie auf ein Hundertstel. Das beste Mittel gegen Elektrosmog ist also, schnell das Weite zu suchen. Generell unterscheidet man zwischen hoch- und niederfrequenten Feldern. Für beide existieren Grenzwerte. Starke hochfrequente Felder kann es beispielsweise bei Sendeanlagen geben. Starke niederfrequente Felder gibt es bei Hochspannungsleitungen, aber auch bei Haarfönen oder Elektrorasierern.

www.bfs.de
www.handywerte.de

Das Ozon und das Loch

Das Ozonloch – wer hat von ihm nicht schon einmal gehört! Es ist berühmt und berüchtigt wie Al Capone. Dabei handelt es sich um eine unsichtbare Bedrohung, die über unseren Köpfen schwebt. Doch was das Ozonloch ganz genau ist und wo es eigentlich herkommt, wissen nur wenige. Gerüchten nach soll es Krebs verursachen, blind machen und den Treibhauseffekt hervorrufen. Grund genug, das Ozon und das Loch näher zu betrachten.

Die englische Übersetzung von Ozon heißt schlicht und einfach »ozone«. Dem Duty-free-Shop erfahrenen Globetrotter ist »O.zone« bestens als Parfüm bekannt. Beim Konsum großer Mengen kann ein Duftwasser ganz sicher ein Loch im Geldbeutel hinterlassen. Bei dem Parfüm dieser Marke wäre das dann gewissenmaßen ein Ozoneloch. Das deutsche Wort Ozon kommt aber ursprünglich gar nicht aus dem Englischen, sondern vom griechischen »ozein«, was »riechen« bedeutet. Das inspirierte vermutlich auch die Duftwassermischer bei ihrer Namensfindung. Nicht bedacht haben sie aber offensichtlich, dass »riechen« positiv und negativ belegt sein kann.

Chemisch gesehen ist Ozon ein farbloses Gas, das aus drei Sauerstoffatomen besteht. Es reizt die Atemwege, führt zu Gesundheitsschäden und riecht in großen Mengen unangenehm stechend. Eigentlich ist Ozon also böse. Das böse Ozon kennen wir vom so genannten Sommersmog. Ultraviolettes Licht der intensiven Sommersonne wandelt dabei den Luftsauerstoff mit Stickoxiden aus unseren Auspuffen in krankmachendes Ozon um. Eine EU-Richtlinie soll uns davor schützen. Sie schreibt vor, dass beim Überschreiten von Ozongrenzwerten die Bevölkerung zunächst informiert und dann gewarnt wird. Dann helfen nur noch das Aufsuchen geschlossener Räume und das Vermeiden von Anstrengungen im Freien. Eingefleischte Computerfreaks dürften davon weniger beeinträchtigt sein, wenn sie nicht gerade einen Ozon erzeugenden Laserdrucker ihr Eigen nennen.

Im August 1998 versuchten die Behörden den Sommersmog in Deutschland mit der drastischsten aller Maßnahmen zu bekämpfen: Sie verhängten Fahrverbote für Autos. Von der Idee her war der Ansatz sicher nicht schlecht. Kein Autoverkehr bedeutet weniger Stickoxide und weniger Stickoxide be-

deuten weniger Ozon – theoretisch zumindest. In der Praxis brachten die Fahrverbote wenig Erfolg. Die Vorgänge bei der Bildung von Ozon sind äußerst komplex und durch regionale Maßnahmen nur schwer aufzuhalten. Außerdem hebelten unzählige Ausnahmen die Fahrverbote wieder aus. Frische Tomaten wollen eben auch bei Sommersmog den Weg auf den Teller der Endverbraucher finden. Der erste grüne Umweltminister biss sich in der Folgezeit mit Vorschlägen zu Tempolimits und Fahrverboten die Zähne am damaligen Autokanzler aus. Richtigen Spott erntete er, als er benzinbetriebene Rasenmäher bei Ozonalarm verbieten wollte.

Die flächendeckende Einführung des Katalysators und weitere Maßnahmen reduzierten die Sommersmogproblematik in den Folgejahren spürbar. Die Ozonwerte sind im Sommer bei extremen Wetterlagen immer noch erhöht. Sie sind aber bei weitem nicht mehr so hoch, dass wir zu ihrer Reduzierung zu drastischen Maßnahmen bereit wären. Eine positive Eigenschaft des bösen Ozons ist, dass es im Normalfall innerhalb von wenigen Tagen von selbst zerfällt. Die Ozonbelastung verschwindet daher oft genauso schnell, wie sie zum Vorschein kommt.

Neben dem bösen, stechend riechenden Ozon gibt es aber auch noch gutes Ozon. Dieses riecht vermutlich ebenfalls stark stechend. Das Gute an ihm ist aber: Wir bekommen es nicht mit. Das gute Ozon befindet sich nämlich in den höheren Lagen der Erdatmosphäre – genauer gesagt in der Stratosphäre, 15 bis 50 Kilometer

 über unseren Köpfen. In dieser Höhe kann die energiereiche ultraviolette Strahlung der Sonne ungehindert Sauerstoff in Ozon umwandeln. Dadurch ist der Ozonanteil dort relativ hoch. Der Teil der Atmosphäre mit hohem Ozongehalt heißt Ozonschicht. Das Ozon ist für uns Menschen dort gesundheitlich völlig unbedenklich, da die Natur Mensch und Ozonschicht räumlich geschickt voneinander getrennt hat. Die Ozonschicht ist aber nicht einfach nur unschädlich. Sie entwickelt vielmehr für uns einen ganz besonderen Nutzen. Ohne sie würden wir sehr

schnell ziemlich alt aussehen. Das Ozon absorbiert dort nämlich einen Großteil der ultravioletten Strahlung. Zuviel davon führt zu Sonnenbrand, schnell alternder Haut, Hautkrebs und Augenschäden.

Im Jahr 1913 haben französische Physiker die Ozonschicht erstmals messtechnisch nachgewiesen. Seitdem kennen wir auch die guten Seiten des Ozons. Doch ohne es anfänglich zu wissen, setzten die Menschen die Existenz der schützenden Ozonschicht aufs Spiel. Im Jahr 1974 warnten die Chemiker Mario J. Molina und Frank Sherwood Rowland, dass vom Menschen verursachte Fluorchlorkohlenwasserstoffe die Ozonschicht beschädigen können. Anfangs wurden sie dafür lediglich belächelt. 21 Jahre später sollten sie allerdings für diese Erkenntnis den Nobelpreis erhalten.

Der Zungenbrecher Fluorchlorkohlenwasserstoffe wird häufig mit FCKW abgekürzt. FCKW sind eine umfangreiche chemische Stoffgruppe mit vielen positiven Eigenschaften. Sie sind sehr beständig, unbrennbar, geruchlos, durchsichtig und ungiftig. Sie galten daher lange Zeit als Wundermittel der chemischen Industrie. Seit den 1930er-Jahren wurden FCKW großtechnisch hergestellt. Die Einsatzgebiete waren vielfältig. FCKW dienten als Kältemittel in Kühlschränken, als Treibgase für Spraydosen, als Treibmittel für Schaumstoffe und als Reinigungs- und Lösungsmittel.

Diese Möglichkeiten konnte man nicht einfach nur wegen einer unbewiesenen Warnung einiger verrückter Chemiker opfern. Wie sollten denn die im kosmischen Maßstab kleinen Mengen an chemischen Substanzen auf dem Erdboden eine weit über uns liegende, kilometerdicke und erdumspannende Schicht auch nur ansatzweise gefährden können? Aus heutiger Sicht klingt die Erklärung recht einleuchtend. FCKW verteilen sich langsam und gleichmäßig in der gesamten Atmosphäre und gelangen so mit der Zeit auch in die Stratosphäre, wo sich die Ozonschicht befindet. Das Gemeine am FCKW ist das »C«. Dieses steht für Chlor. Durch die ultraviolette Strahlung in der Ozonschicht werden die FCKW-Moleküle geknackt und radikalisiert. Dabei entstehen Chlorradikale. Diese Radikale randalieren nun völlig ungehindert in der Ozonschicht. Dabei wandeln sie die guten Ozonmoleküle wieder in Sauerstoff um – und das im großen Maßstab. Bis zu hunderttausend Ozonmoleküle kann ein einzelnes Chloratom zerstören.

Erst im Jahr 1985 gelang britischen Forschern in der Antarktis der Nachweis, dass die Ozonschicht in Gefahr ist. Bei Routinemessungen stellten sie fest, dass der Ozongehalt in der Ozonschicht über dem Südpol tatsächlich dramatisch schrumpfte. Anfangs wollte man an derart große Veränderungen nicht glauben und tauschte erst einmal die Messgeräte aus. Erst im Jahr 1987 wurde der Befund in einer umfangreichen Untersuchung mit modernsten Messgeräten bestätigt. Nachträglich stellte sich sogar heraus, dass amerikanische Wettersatelliten eine Ausdünnung der Ozonschicht über der Antarktis bereits seit Jahren beobachteten. Aber auch hier vermuteten die Wissenschaftler Messfehler. Daher programmierten sie erst einmal die Computer um, sodass sie die viel zu niedrigen Ozonwerte einfach ignorierten.

Was nach der wissenschaftlichen Bestätigung folgte, ist eines der wenigen positiven Beispiele, dass globaler

Umweltschutz durchaus realisierbar ist. Zu groß war offensichtlich die Angst der Menschen und der verantwortlichen Politiker vor einer globalen Hautkrebsepidemie. Bereits im Jahr 1987 wurde das Montrealer Protokoll vereinbart, das im Jahr 1989 in Kraft trat. Die Unterzeichnerstaaten verpflichteten sich zur Reduzierung und schließlich zur vollständigen Abschaffung der Emission von chlor- und bromhaltigen Chemikalien, die das stratosphärische Ozon zerstören.

Als erster Schritt wurden FCKW in Neuanlagen verboten, anschließend deren Produktion. Dabei war das Umsetzungstempo in den einzelnen Ländern höchst unterschiedlich. Deutschland, das im Jahr 1976 allein im Westteil des Landes mit Spraydosen rund 53 000 Tonnen an FCKW in die Atmosphäre pustete, wurde wieder einmal gefühlter Umweltweltmeister. Es war eines der ersten Länder, das 1994 die Produktion von FKCW  völlig einstellte. Entwicklungsländern wurden allerdings sehr lange Übergangsfristen eingeräumt. Der vollständige Ausstieg aus der FCKW-Nutzung erfolgt vermutlich erst im Jahr 2040.

Dennoch ist bereits ein Rückgang der FCKW-Konzentration zu beobachten. Die Ozonschicht erholt sich – wenn auch sehr langsam. Irgendwann in fünfzig bis hundert Jahren wird sie sich dann vermutlich wieder regeneriert haben. Mindestens bis dahin gilt nicht nur in Australien: »Between eleven and three stay under a tree.« In der Mittagssonne ist der hautfreundlichste Platz weiterhin im Schatten, auch wenn einige unverbesserliche

Sonnenanbeter auch bei der knallendsten Sonne noch versuchen, Grillhähnchen zu imitieren. Geht übertriebenes Sonnenbaden einmal schief, kann dann das Ozonloch sogar noch als Sündenbock herhalten. Ganze Heerscharen von Dermatologen leben inzwischen davon, dass Menschen mit heller Haut zwanghaft versuchen, diese zu bräunen. Interessanterweise ist es bei sehr dunkelhäutigen Menschen modern, ihre Haut mit Chemie aufhellen, was ebenso wenig gesund ist.

Aber zurück zum Ozonloch. Wenn man Straßenumfragen Glauben schenken kann, ist das Ozonloch auch für den Treibhauseffekt, also die globale Erwärmung, verantwortlich. Hier werden erst einmal zwei Begriffe durcheinander geworfen, die nur am Rande miteinander zu tun haben. Richtig ist, dass Ozon den Treibhauseffekt fördert – allerdings nur, wenn es im Übermaß vorhanden ist. Das ist zum Beispiel beim bösen Ozon des Sommersmogs der Fall. Fehlt hingegen gutes Ozon wie im Ozonloch, sorgt das sogar für eine geringfügige globale Abkühlung. Durch das Ozonloch ist bislang die globale Erwärmung etwas niedriger ausgefallen. Flicken wir das Ozonloch, wird es noch wärmer – ein klein wenig zumindest. Der Einfluss des Ozonlochs auf den Treibhauseffekt ist nämlich vergleichsweise gering. FCKW wieder zu erlauben, um den Treibhauseffekt mit FCKW-Spraydosen wegzusprühen, macht also wenig Sinn.

Ein angenehmer Nebeneffekt des Verbots der FCKW ist, dass Fluorchlorkohlenwasserstoffe künftig auch nicht mehr zur globalen Erwärmung beitragen können. Leider heizen uns auch viele der ozonlochfreundlichen FCKW-Alternativen ein. In Bezug auf den Treibhauseffekt haben wir leider hierbei nicht viel gewonnen. Es gäbe aber auch ozonfreundliche Alternativen, die nicht zum Treibhauseffekt beitragen – doch dazu später mehr.

Letztendlich hat die Menschheit beim Ozonloch einigen Dusel gehabt. Neben den FCKW hätte man auch so genannte bromierte Kohlenwasserstoffe in Spraydosen, Kühlschränken und Schaumstoffen einsetzen können. Dass sich FCKW dafür durchgesetzt haben, ist eher ein glücklicher Zufall. Die auch im Montrealer Protokoll geächteten bromierten Kohlenwasserstoffe sind bis zu zehnmal schädlicher für die Ozonschicht als FCKW. Hätten wir statt FCKW bromierte Kohlenwasserstoffe in Spraydosen verwendet, wäre vielleicht sogar die komplette Ozonschicht weg gewesen, bevor es überhaupt jemand gemerkt hätte. Nun geht es mit der Ozonschicht zum Glück wieder bergauf. Eigentlich wäre das doch eine Chance, vom Ozonloch für andere Umweltprobleme zu lernen.

Da läuft's einem kalt den Rücken runter

Kühlschränke und Gefriergeräte sind Wunderwerke unserer Wohlstandsgesellschaft. Die Butter fließt nicht mehr davon, die Milch wird nicht sauer und das Bier zur Sportschau ist angenehm temperiert. Doch die Kaltmacher bergen ernste Umweltgefahren: Sie fressen Unmengen an Strom, zerstören die Ozonschicht und dann auch noch das Klima. Doch moderne Kühlschränke geben uns das gute Gewissen zurück.

Kühles Bier ist vermutlich schon seit der Antike bekannt. Damals musste man es noch ohne Sportschau genießen. Das mit dem kühlen Bier war seinerzeit allerdings ein schweres Unterfangen. Zum Kühlen musste nämlich Eis in den Bergen gewonnen und über lange Strecken zum Bier transportiert werden. Später legte man spezielle Keller an, in denen sich das nötige Eis im Winter einlagern ließ. Ökologisch war diese Art der Kühlung vorbildlich – zumindest, wenn die Winter kalt und die Seen zugefroren waren. In warmen Wintern musste das Eis teilweise sogar aus Skandinavien herangeschafft werden.

Ende des 19. Jahrhunderts wurde der elektrische Kühlschrank entwickelt, der sich schnell verbreitete. Im Jahr 1937 hatte bereits jeder zweite amerikanische Haushalt ein solches Gerät. Der erste deutsche Kühlschrank wurde im Jahr 1929 im sächsischen Zschopau entwickelt. In unmittelbarer Nachbarschaft sollte dann gut sechzig

Jahre später der Ökokühlschrank seinen Siegeszug antreten – doch dazu später mehr.

Auch in Deutschland und Europa wurden die künstlichen Kaltmacher schnell beliebt. Rund 47 Millionen Kühlschränke sorgen heute in Deutschland dafür, dass flächendeckend kaltes Bier verfügbar ist. Hinzu kommen noch einmal 23 Millionen Gefrierschränke. Statistisch gesehen haben somit 120 Prozent aller Haushalte ein Kühlgerät. Der Trend geht also zum Zweitkühlschrank. Aus Umweltsicht gibt es bei dem Heer der Kühlgeräte zwei Probleme: den Strombedarf und das Kältemittel.

Rund 600 Kilowattstunden schluckte eine durchschnittliche Gefrierkombi pro Jahr noch in den 1980er-Jahren. Mit dem gleichen Energie-einsatz hätte man 200 Kisten Bier zum Kühlen von Berlin nach Norwegen transportieren, dort auf einen Gletscher stellen und wieder abholen können. Zugegeben, es wäre deutlich unpraktischer, aus Umweltgründen jedes Mal ein Bier aus Norwegen besorgen zu müssen, anstatt es einfach aus der Küche zu holen. »Du sag mal, ich habe deinen Freund schon zwei Tage nicht mehr gesehen.« »Ja. Ach, der ist schnell mal ein Bier holen gegangen.«

Um den Energiebedarf transparent zu machen, führte die EU in den 1990er-Jahren die Energieeffizienzklassen ein. Seitdem weist ein Buchstabe den Energiebedarf aus. Ein »A« galt anfangs als vorbildlich. Das gab es, wenn der Verbrauch knapp um die Hälfte unter dem damaligen Durchschnitt lag. Damit kann man immerhin schon den Energiebedarf zum Transport von hundert Kisten Bier nach Norwegen sparen. Richtig ambitioniert ist die Klasse »A« aber längst nicht mehr. Heute erreichen auch mäßig sparsame Geräte locker ein »A«. Daher wurde im Jahr 2003 nachgebessert. Seitdem zeichnen die Klassen »A+« und »A++« besonders sparsame Geräte aus. Da das aber noch nicht verwirrend genug ist, führt die EU noch einmal andere Bezeichnungen wie »A-40%« ein. Geräte mit dem ehemals vorbildlichen »A« sind heute verbrauchstechnische Schlusslichter. Die sparsamsten Gefrierkombis schaffen mit 180 Kilowattstunden das, wofür früher 600 gebraucht wurden.

Das Geheimnis dieser Erfolge ist eine optimierte Geräteisolierung. Die war aber vor einigen Jahren selbst noch ein ernstes Umweltproblem. Bis Anfang der 1990er-Jahre wurden die Isolierstoffe nämlich mit FCKW aufgeschäumt – das Ozonloch lässt grüßen. Auch im Kühlkreislauf befanden sich lange Zeit FCKW. Zur Kälteerzeugung bringt ein elektrischer Kompressor eine Kühlflüssigkeit auf Druck und lässt sie sich wieder ausdehnen. Dabei kühlt sie sich und den Kühlschrankinhalt ab. Die bei der Druckerzeugung entstehende Wärme wird der Kühlschrank über Kühlrippen an der Geräterückseite an die Umgebung los. Daher ist es auch keine gute Idee, in heißen Sommern die Raumluft mit geöffneter Kühlschranktür herunterzukühlen. Durch die Kühlschrankabwärme wird es dann im Raum heißer statt kälter. Wer wirklich eine Erfrischung braucht, müsste sich schon in den Kühlschrank setzen oder eben ein kaltes Getränk genießen.

Nachdem Anfang der 1990er-Jahre FCKW als Ozonkiller in Verruf kamen, entwickelte die Industrie Ersatzstoffe. FKW waren dabei als Kühlmittel erste Wahl. Sie enthalten kein »C« und damit kein Chlor, das die Ozonschicht angreift. Aus Sicht der Umwelt sind die chlorfreien FKW aber alles andere als unproblematisch. Sie fördern ein hohem Maße den Treibhauseffekt und damit die globale Erwärmung. Um nicht ganz so stark aufzufallen, verstecken sich FKW unter chemischen Tarnbezeichnungen wie R134a, R404a, R407c oder R410a. Dabei gibt es auch zu FKW umweltfreundliche Alternativen. Propan, Butan oder Propen mit den Bezeichnungen R290, R600a und R1070 eignen sich hervorragend als Kühlmittel, sind aber weder für das Ozonloch noch die globale Erwärmung ein Problem.

Im Jahr 1991 startete die Umweltorganisation Greenpeace in Deutschland eine neue Kampagne. Man wollte einen Hersteller überreden, einen Kühlschrank ganz ohne schädliche FCKW und FKW auf den Markt zu bringen. Alle großen westdeutschen Produzenten winkten aber dankend ab: »Technisch nicht möglich, kein Interesse.« In Sachsen, der Wiege der deutschen Kühlschrankindustrie, wurde Greenpeace schließlich fündig. Die von der Abwicklung bedrohte Firma »dkk Scharfenstein« produzierte kurzerhand das, was im Westen nicht möglich war: den ersten Ökokühlschrank. Unterstützt durch eine Werbeaktion von Greenpeace gingen in vier Wochen rund 65 000 Bestellungen für das neue deutsche Ökowunder ein. Dies bewahrte die sächsische Firma vor der Abwicklung und brachte nahezu alle Platzhirsche dazu, in Sachen Kühlschranktechnik binnen zwei Jahren ebenfalls die angeblich technisch nicht machbaren umweltfreundlichen

Modelle anzubieten. Der technische Fortschritt geht in Deutschland eben manchmal besonders schnell.

KLIMA KILLER !

Wieder einmal war die deutsche Industrie – wenn auch nicht ganz freiwillig – Ausgangspunkt einer weltweiten Umweltinnovation. Diese Geschichte zeigt auch, wie einfach eigentlich Umweltschutz zu realisieren ist, und dass nur ein wenig Engagement und öffentlicher Druck nötig sind. Bis zum Jahr 2008 wurden weltweit bereits immerhin rund 300 Millionen Ökokühlschränke verkauft. In Europa enthalten heute fast alle neuen Geräte kein FKW und kein FCKW mehr. Diese Entwicklung hat aber leider noch nicht alle Länder erfasst. In den USA etwa sind Ökokühlschränke immer noch kein Thema.

Gerne erinnere ich mich an unseren ersten Kühlschrankkauf Mitte der 1990er-Jahre zurück. Ein neuer topmoderner FKW-freier und FCKW-freier Kühlschrank der Effizienzklasse »A« sollte uns ökologisch weit nach vorne katapultieren. Zum Informieren ging es erst mal in ein großes Elektronikgeschäft, um eine sachkundige Beratung zu erhalten. »Entschuldigen Sie bitte, wir hätten gerne einen umweltfreundlichen Kühlschrank.« »Dann nehmen sie doch den aus dem Angebot.« »Der ist aber nur Effizenzklasse C. Und ist der FKW-frei?« »Keine Ahnung! Aber die mit der Effizenzklasse A rechnen sich sowieso nicht.« Beim zweiten Anlauf war ich dann erheblich besser informiert, konnte dem Verkäufer vorrechnen, dass sich die Klasse A doch rechnet und Marke und Typ des Wunschgerätes nennen. »So ein Gerät haben wir nicht vorrätig. Den müssen wir erst bestellen, wenn Sie ihn denn unbedingt haben wollen.«

Hartnäckig in Sachen Kühlschrankaufklärung wurde das Ökogerät bestellt. Nach zwei Wochen war das gute Stück dann tatsächlich abholbereit. Seinerzeit hatten wir kein Auto – braucht man in der Berliner City eigentlich auch nicht wirklich. Gerade das Studium beendet und knapp bei Kasse, sollte die Lieferpauschale aber unbedingt gespart werden. Also musste ein guter Freund angeheuert werden. Direkt hinter der Kasse packten wir das Gerät erst einmal genüsslich aus. Die damals noch recht neue Verpackungsverordnung gestattete ja das Zurücklassen der Kartonagen, Kunststofffolien und diverser Styroporteile direkt im Laden. Das Geschäft hatte dazu  korrekt entsprechende Mülltonnen aufgestellt, war bei der Größe aber eher von Umverpackungen für Haushaltsbatterien ausgegangen. Der von den Verpackungsbergen überforderte Verkäufer hielt uns dann noch kopfschüttelnd die Tür auf. Von Ökokühlschränken überzeugt war er aber vermutlich immer noch nicht.

Kürzlich stand bei uns wieder einmal ein Kühlschrankkauf auf der Tagesordnung. Durch Familienzuwachs war der bisherige zu klein geworden. Für einen altgedienten Kühlschrankaktivisten stand natürlich pflichtbewusst die Überprüfung des Kältemittels auf der Tagesordnung. Ein intensives Studium der Verkaufsprospekte und Internetseiten brachte erst mal eines ans Tageslicht: nämlich nichts. Während sich Mitte der 1990er-Jahre die Kühlschrankhersteller noch mit megagroßen Aufklebern: »Ich bin gut fürs Klima und Ozon« beim Ökoschulterklopfen überboten, herrscht in dem Punkt heute absolute Fehlanzeige. Entweder verwenden alle wieder stillheimlich bedenkliche Kühlmittel oder die Käufer sind so wenig interessiert, dass man sich solche Werbung heute sparen kann.

Das Aufsuchen von Fachverkäufern bringt einen erfahrungsgemäß auch nicht weiter. Eine Nachfrage direkt beim Hersteller lieferte dann folgende interessante Auskunft: »Selbstverständlich verwenden wir nur FCKW- und FKW-freie Kältemittel wie R290 oder R134a.« Hier

Da läuft's einem kalt den Rücken runter

waren sie wieder, die üblichen Tarnbezeichnungen, um den Kunden zu verwirren und in Sicherheit zu wiegen. Der Kühlschranklaie wäre mit dieser Antwort vielleicht zufrieden gewesen. Ein aufgeklärter Kühlschrankkäufer aber sicher nicht. »Lieber Kühlschrankhersteller, R134a ist ein FKW – R290 ist keines! Bauen Sie nun FKW-freie Kühlschranke mit oder ohne FKW?« »Entschuldigen Sie das Missverständnis, wir verwenden natürlich nur R290.« »Dann bin ich ja beruhigt, Sie verdienen mit dieser Auskunft mein vollstes Vertrauen.« Vielleicht hätte ich behaupten sollen, R290 wäre ein FKW und R134a keines. Es wäre höchst interessant gewesen, ob ich die gleiche Antwort erhalten hätte. Da fast alle Kühlschränke heute in Deutschland FKW-frei sind, war die Antwort aber vermutlich sogar korrekt.

Seitdem gehören wir zu den Haushalten, die mehr als hundert Prozent Kühlschränke besitzen. Unser erster Ökokühlschrank steht jetzt nur noch aus sentimentalen Gründen im Keller. Er bleibt aber ungenutzt. Wer sich nämlich einen superstromsparenden neuen Kühlschrank kauft und den alten im Keller munter weiterlaufen lässt, braucht sich nicht wundern, wenn die Stromrechnung dadurch nicht sinkt.

Kältemittel
Kältemittel werden gebraucht, um mit einer elektrischen Pumpe Kälte oder Wärme zu erzeugen. Außer in Kühl- und Gefriergeräten findet man sie in Klimaanlagen, Wärmepumpen und sogar in energiesparenden Wäschetrocknern.

Noch Anfang der 1990er-Jahre wurden ozonschädliche FCKW verwendet. Die heutigen Ersatzstoffe schädigen zwar nicht mehr die Ozonschicht, fördern aber oft den Treibhauseffekt. Alternativen sind Propan, Butan oder Propen.

Sie tragen auch die Abkürzungen R290, R600a oder R1270. »R« steht dabei für »Refrigerant«, die englische Übersetzung für Kältemittel. Normales Wasser lässt sich auch als umweltfreundliches Kältemittel verwenden. Selbstverständlich hat es auch eine Abkürzung, nämlich R718. Im Alltagsgebrauch ist die allerdings wenig hilfreich. Die Bestellung einer Cola mit zwei Würfeln R718 dürfte nicht wirklich erfolgsversprechend sein.

Energielabel

Seit 1998 ziert das EU-Energielabel auch bei uns Elektrogroßgeräte. Die Buchstaben A bis G sollen zeigen, ob die Geräte wenig oder viel Strom verbrauchen. Inzwischen sind die Geräte besser geworden und viele erreichen problemlos die Klasse A. Daher werden seit 2004 besonders sparsame Kühl- und Gefriergeräte mit den Klassen A+ und A++ ausgezeichnet. Ab 2011 werden die Klasse A+ und A++ ersetzt. Dann wird angegeben, wie viel weniger Energie das Gerät als ein Klasse-A-Gerät verbraucht. A-40% bedeutet dann, es benötigt 40 Prozent weniger Strom als ein normales Klasse-A-Gerät.

www.stromeffizienz.de

Mein Auto fährt auch ohne Wald

Das Waldsterben galt als eines der wichtigsten Umwelt-
probleme der 1980er-Jahre. Es war Synonym für unseren
gedankenlosen Umgang mit der Natur. Heute spricht
man hingegen kaum mehr über dahinsiechende Bäume.
Bleibt die Frage, ob der Wald wieder gesund ist oder ob
sich nur unsere Wahrnehmung verändert hat.

Kaum ein Thema wühlte die Öffentlichkeit in den
1970er- und 80er-Jahren so auf wie das Waldsterben.
Vermutlich verhalf es sogar der grünen Partei in Deutschland zu ihrem politischen Aufstieg. Bilder von flächendeckend abgestorbenen Baumgerippen brannten sich in
unser kollektives Bewusstsein ein. Die Furcht ging um,
dass in wenigen Jahren nur noch die Großeltern von
Spaziergängen im üppigen Grün und von fröhlich zwit-
schernden Vögeln erzählen könnten. »Der Wald ist krank
und stirbt«, war die Botschaft des Jahres 1983. Damals
erreichte das »Waldsterben« bei der Wahl zum Wort des
Jahres sogar den vierten Platz.
Das Schlimmste am Waldsterben war unser schlechtes
Gewissen. Wenn sich unser Großvater anschickt, nach einem langen und erfüllten Leben das Zeitliche zu segnen,
ist das der Lauf der Zeit. Wir sind dann traurig, Schuld-
gefühle ruft das in uns aber nur selten hervor. Völlig
anders ist das beim Wald. Auch zu ihm haben wir ein
familiäres Verhältnis. Als Kinder haben wir uns hinter
Bäumen versteckt, sie kletternd erobert. Manchmal haben
wir einfach nur gestaunt, wie groß die Riesen des Waldes

werden können. Und nun schickte sich genau dieser Wald an, uns zu verlassen. Und wir waren schuld. Genauer gesagt, unser zügelloser Umgang mit der Umwelt.

Das Waldsterben hatte sogar das Potenzial für eine deutsche Identitätskrise. Nichts ist bekanntermaßen so stark wie eine deutsche Eiche – und die lag nun im Sterben. Die Politik war zum Handeln gezwungen, ließ Ursa-chenforschung betreiben und Waldschadensberichte erstellen. Schnell war der saure Regen als einer der Hauptschuldigen ausgemacht. Durch das Verbrennen von schwefelhaltiger Kohle, Erdöl oder Erdgas gelangten große Mengen an Schwefelstaub, Schwefeldioxiden und Stickoxiden in die Atmosphäre. Zusammen mit Wasser bilden diese Schadstoffe, wie Schwefel- und Salpetersäure, die mit dem Regen wieder herunterkommen. Diese Säuren schaden nicht nur dem Wald, sondern verätzen auch Gebäude und Kulturdenkmäler.

Als Sofortmaßname wurden seinerzeit erst einmal Aufkleber gedruckt, denn diese gehörten zum Lebensgefühl der 1980er-Jahre. »Freiwillig 100, dem Wald zuliebe« wurde als Botschaft auf den Kofferraumdeckel geklebt. Dies war sicher ein Ausdruck tiefer Verbundenheit der Deutschen mit ihrem Wald. Den Bäumen half das allerdings nicht wirklich. Eingefleischte Autofetischisten fühlten sich hingegen zu Unrecht an den Pranger gestellt und konterten ebenfalls mit einem Aufkleber: »Mein Auto fährt auch ohne Wald.«

Erst strenge gesetzliche Vorgaben zur Abgasreinigung von Kraftwerken, Entschwefelung von Treibstoffen und

Erdgas sowie die Einführung von Katalysatoren sorgten für einen wirklichen Rückgang der Luftschadstoffe. Das war gut für die Umwelt und menschliche Gesundheit. Dem Wald hat das bislang jedoch nur relativ wenig geholfen.

Auch die neuesten Schadensberichte zeigen, dass der Wald nach wie vor krank ist. Aber immerhin ist er nicht tot. Und er wird sich in den nächsten Jahren auch nicht vollständig verabschieden, wie noch in den 1980er-Jahren prophezeit wurde. Obwohl die Luftschadstoffe und der saure Regen abgenommen  haben, leidet der Wald offensichtlich noch immer. Umweltschützer meinen, die bisherige Reduktion der Luftschadstoffe sei nicht ausreichend. Das ist möglicherweise ein Grund.

Es gibt aber noch weitere, zum Teil sehr komplexe Ursachen für die Erkrankung des Patienten Wald. Erstaunlich ist nämlich, dass die Bäume hierzulande deutlich besser wachsen als zu Zeiten, in denen das Waldsterben noch kein Thema war. Außer Schwefeldioxid setzt der Mensch auch große Mengen an Stickstoff und an Kohlendioxid frei. Beides begünstigt das Pfanzenwachstum. Die Klimaerwärmung sorgt für mildere Winter und ebenfalls bessere Wachstumsbedingungen. Schneller wachsendes Holz ist aber weicher, weniger widerstandsfähig gegen Schädlinge und leidet mehr bei den immer häufigeren Stürmen. Wir werden uns vermutlich damit abfinden müssen, dass sich unsere Umwelt und damit auch der Lebensraum Wald verändern und nicht mehr so aussehen wird, wie vor einigen hundert Jahren.

Dass ein Baum, beziehungsweise dessen Holz, Lebensraum für zahlreiche Tierarten bietet und die Globalisierung Lebensräume verändert, konnte ich selbst schon  mehrfach zu Hause beobachten. Vor einigen Jahren brachten wir von einer Afrikareise eine Holztrommel mit. Nach wenigen Monaten fing diese von selbst an, Kratz- und Klopfgeräusche von sich zu geben. Um einen unheilbringenden Vodoozauber auszuschließen, unterzog ich das Instrument einer eingehenden Untersuchung. Aus einem fingerdicken Loch blickten mich dabei plötzlich zwei winzige Augen neugierig an. Vor Schreck ließ ich die Trommel auf den Boden fallen. In dem Moment nahmen die Augen eine Form an und ein drei Zentimeter großer »Apate terebrans« startete seine Flugversuche. Die Geräusche kamen also nicht von einem Vodoozauber, sondern von einem Holzbewohner. Auf Englisch heißt das holzfressende Insekt auch »shothole borer«, weil es im Holz Öffnungen in der Form von Einschusslöchern hinterlässt. Da ich wenig Lust auf eine Wildwest-Dekoration bei unseren Wohnzimmermöbeln hatte, startete ich eine wilde Verfolgungsjagd und entließ schließlich den Holzkäfer durch das Dachfenster ins winterliche Berlin, wo er vermutlich schnell sein biologisches Ende fand, ohne weitere Holzschäden anzurichten. Zu unserem Glück war dieser Käfer ein Einzelgänger.

Etwas länger beschäftigte uns später der gemeine Nagekäfer, den wir mit Möbelstücken von einem Spanienaufenthalt einschleppten. Das Gemeine an diesem Insekt ist, dass von Eiablage bis zum Schlüpfen mehrere Jahre vergehen können. Man bemerkt das Problem also erst, wenn es sich ausgebreitet hat. Der einzige Vorteil ist, dass die Löcher viel kleiner als beim afrikanischen Verwandten sind. Die Literatur behauptet, dass Holzinsekten an durchgetrocknetem Holz in beheizten Wohnungen auf Dauer wenig Freude haben. Diese Literatur scheint der gemeine spanische Nagekäfer allerdings noch nicht zu kennen.

Prinzipiell blieben zwei Möglichkeiten, das Holz zu retten: Gift oder Wärme. Das Sofa mit den befallenen Holzteilen verbrachte daher einen sonnigen Tag bei 35 Grad Außentemperatur unter einer schwarzen Folie auf unserer Terrasse. Nachdem der Baumarktholzwurmtot nicht die gewünschte Wirkung entwickelte, erwies sich die Bekämpfung der Holzschädlinge mit Sonnenenergie als funktionierende ökologische Alternative. Eine befallene hölzerne Getreidemühle kam für mehrere Stunden bei 80 Grad Celsius in den Backofen. Unsere Freunde, die uns am gleichen Tag besuchten, staunten allerdings nicht schlecht, weil wir unsere Getreidemühle backten. »Wir backen das Brot gleich in der Getreidemühle. Das geht schneller«, klärte ich sie auf.

Unter ökologischen Gesichtspunkten haben die Holzschädlinge durchaus eine sinnvolle Rolle. Sie helfen, Holz von kranken oder abgestorbenen Bäumen abzubauen und es wieder in den natürlichen Kreislauf einzubinden. Über viele Jahre verlor Holz in unserer Gesellschaft an Bedeutung, vielerorts wurde es durch Beton ersetzt. Mit dem Aufkommen von Kunststoffen nahm die

Bedeutung von Holz weiter ab. Es eignete sich bestenfalls noch, um als Pressholz unter einer Kunststoffoberfläche zu verschwinden. Erst seit einigen Jahren gilt die natürliche Schönheit von Holz wieder als schick.

Wir sind allgemein dabei, den Wert des Walds neu zu entdecken. Selbstgespaltenes Kaminfeuerholz sorgt für körperliche Ertüchtigung und reduziert spürbar unsere Heizkostenrechnung. Durch Wiederaufforstung soll gar der Treibhauseffekt bekämpft werden. Das hat sich leider noch nicht bis in die ärmsten Regionen der tropischen Entwicklungsländer herumgesprochen. Die holzen weiterhin ihre Wälder ab, um das begehrte Tropenholz zu widerstandsfähigen Terrassenmöbeln oder Fenster für verregnete Industrieländer zu verarbeiten. Solange wir diesen Nachschub haben, könnte es uns doch eigentlich egal sein, ob die deutsche Eiche krank ist oder nicht. Als Brennholz taugt sie allemal.

Inzwischen wächst bei uns die Erkenntnis, dass es nicht über lange Zeit gut gehen kann, wenn wir Tropenholz schneller schlagen als Bäume dort krank werden  können. Aus dem Grund bieten einige Wirtschaftsunternehmen wie Brauereien an, bei dem Kauf ihrer Produkte Grundstücke im Regenwald zu erstehen und vor dem Abholzen zu retten. Nun haben wir sogar zwei Alternativen, dem Tropenwald zu helfen. Die erste Möglichkeit wäre, unseren Bierkonsum extrem zu erhöhen. Die zweite Möglichkeit ist zugegebenermaßen langweiliger, aber vermutlich doch wirksamer. Man könnte beim Kauf von Holz darauf achten, dass es aus nachhaltiger Forstwirtschaft stammt. Darunter versteht man Plantagenhölzer, die nur so schnell geschlagen werden, wie sie wieder nachwachsen können. Dann können wir uns auch an Holzprodukten lange erfreuen, ohne ein schlechtes Gewissen zu haben.

Tropenholz

Von den vielen Tropenholzsorten sind uns meist nur wenige bekannt. Wer von uns würde schon all die folgenden Namen zusammenbekommen: Meranti, Ramin, Bongossi, Bangkirai, Mahagoni, Abachi, Palisander, Teak, Ovangkol, Bankimoon, Framiré, Merbau, Wengé, Massaranduba, Balsa oder Afzelia. Damit diese Aufzählung nicht zu langweilig wird, ist auch ein Name dabei, der keine Holzsorte bezeichnet. Erkennen Sie ihn? Im Vergleich zu den bei uns heimischen Hölzern haben viele Tropenhölzer besondere Eigenschaften, wie beispielsweise gute Wetterbeständigkeit. Die Verwendung von Tropenhölzern ist problematisch, wenn sie aus Urwaldgebieten stammen, die für die Ernte komplett plattgemacht werden. Durch den Kahlschlag gehen wertvolle Lebensräume verloren, und das in den Bäumen gespeicherte Kohlendioxid verstärkt den Treibhauseffekt. Eine Alternative sind Hölzer aus nachhaltiger Forstwirtschaft. Diese stammen aus Plantagen, die immer wieder aufgeforstet werden. Wenn Sie immer noch am Rätsel vom Anfang grübeln: »Ban Ki-moon« wurde 2006 zum Generalsekretär der Vereinten Nationen gewählt.

Zertifikate

Ob ein Holz aus nachhaltiger Fortwirtschaft stammt oder nicht, sieht man ihm nicht an. Phantasievolle Zertifikate mit schönen offiziellen Stempeln lassen sich in Zeiten moderner Bürotechnik leicht erstellen.

Daher ist es wichtig, dass Hölzer von einer renommierten Organisation zertifiziert sind. Das Forest Stewardship Council (FSC) genießt dabei auch bei den großen Umweltorganisationen wie dem WWF oder Greenpeace einen guten Ruf.

 www.fsc-deutschland.de

Katalysatoren und rußige Filter

Bis in die 1980er-Jahre pusteten Autos in Deutschland ihre Abgase ungefiltert in die Luft. Smog, Atemwegser-krankungen, saurer Regen und angefressene Gebäude-fassaden gehörten zum Alltag. Immer strengere Vor-schriften und Hightechprodukte sollten die Abgase entgif-ten. Heute zählen die Begriffe Katalysator, Lambdasonde und Partikelrußfilter zum allgemeinen Sprachgebrauch und bunte Feinstaubplaketten zieren unsere Windschutz-scheiben.

»Schau mal Papa, der hat nur eine rote Plakette!« Selbst bei Kindern im Vorschulalter ist die Feinstaub-Plakettenverordnung angekommen. Autos mit gelber und roter Plakette sind bei unseren Kleinen absolut out. Nur gut, dass unser fahrbarer Untersatz die Kriterien für den grünen Aufkleber erfüllt. Schließlich haben wir vor gar nicht allzu langer Zeit kräftig in eine neue Familienkut-sche mit Dieselrußfilter investiert. Laut Herstellerwer-bung ist das Auto außerdem sehr spritsparend. Wenn ich aber mal wieder eine halbe Badewanne voll Diesel in den Tank fülle, kommen mir daran allerdings gewisse Zwei-fel.

Um den Verbrauch zu dokumentieren und spritspa-rendes Fahren zu trainieren, haben wir uns auch eine Ver-brauchsanzeige geleistet. Die Frage, ob man bei Tempo 40 schon in den vierten Gang schalten soll, lässt sich so nach einigen Versuchsreihen mehr oder weniger gut beantworten. Doch bereits nach wenigen Tagen kündigte die Anzeige Merkwürdiges an: »Hast du gesehen, der Verbrauch ist gerade von 6 auf 15 Liter gesprungen!« »Ich mach' doch gar nichts, ich fahr' konstant 50.« »Jetzt blinkt auch noch eine gelbe Lampe.« »Dann sitz doch nicht so dämlich rum und schau in der Bedienungsanleitung nach!« Gesagt – getan. »Hier steht's: Wenn die gelbe Lampe blinkt, reinigt sich der Rußfilter. Dadurch kann der Verbrauch etwas ansteigen. Solange die Lampe blinkt, schalten Sie den Motor nicht aus. Fahren Sie nach Möglichkeit schneller als 50 bei mehr als 2000 Umdrehungen pro Minute.« Aha, das war es also. Dann erst mal runterschalten, damit der Motor richtig hochdreht und Gas geben. Geschwindigkeitsbeschränkungen in geschlossenen Ortschaften? Egal. Umweltschutz geht vor! Der Rußfilter muss sauber werden. Mit heulendem Motor bei rasanter Fahrt ging es also weiter. »Wir sind da!« »Aber die gelbe Lampe blinkt immer noch!« »Ach so? Du hast ja gehört: den Motor nicht ausschalten. Also weiterfahren!« Nun sollten wir Teile unserer Stadt kennenlernen, die wir noch nie zuvor gesehen hatten. Es

dauerte noch einige Kilometer, bis endlich die gelbe Lampe aufhörte zu blinken. »Schatz, du kannst zurückfahren, der Filter ist jetzt wieder sauber.« Mit 30-minütiger Verspätung kamen wir schließlich zu unserer Verabredung. »Schön, dass ihr da seid. Hattet ihr einen Stau?« »Nein, wir mussten noch unseren Rußfilter reinigen und ein bisschen rumfahren, damit die Luft schön sauber bleibt.«

Schon knapp zwei Jahre nach dem Neuwagenkauf war es dann aber endgültig mit der sauberen Luft vorbei. Das Auto blieb unverhofft liegen – und das nicht irgendwo, sondern mitten auf einer Hauptverkehrsstraße. Nachdem wir eine Stunde lang einen kräftigen Stau und damit viel dicke Luft verursacht hatten, kam endlich der Pannendienst. Er hatte die Ursache schnell gefunden. »Der Rußfilter ist absolut dicht. Da kann ich hier nichts machen. Den Wagen müssen wir erst mal in eine Werkstatt schleppen«, stellte der Pannendoktor fest. »Das passiert aber ständig. Diese Rußfilter befinden sich noch in der Erprobungsphase – direkt beim Kunden.« Schließlich brachte uns dann ein Abschleppwagen mit roter Plakette und stark rußendem Auspuffrohr in die Werkstatt. Nach zwei Wochen war der Wagen sogar schon wieder repariert. Ob unser Dieselrußfilter bislang wirklich für sauberere Luft gesorgt hat? Wir wissen es nicht.

Dabei gab es bereits im ersten Weltkrieg erste Versuche, Dieselabgase zu reinigen. Kriegsschiffe und U-Boote mit Dieselmotoren verrieten sich oft durch ihre weit sichtbaren Rauchfahnen. Da konnte mangelnder Umweltschutz auch schnell einmal tödlich enden.

In den 1980er-Jahren gab es erste Fahrzeuge mit Rußfiltern zu kaufen. Diese waren aber noch schlechter ausgereift als die heutigen Modelle. Daher verschwanden sie schnell wieder von der Bildfläche. Erst im Jahr 2000 eroberten ausgereiftere Fahrzeuge den Markt. Die deutschen Autohersteller machten dabei eine schlechte Figur. Während die Franzosen Vorreiter in Sachen Rußfilter waren, sperrten sich deutsche Hersteller noch lange gegen eine flächendeckende Einführung der Filtertechnik.

Dieses Verhalten legten sie auch schon in den 1980er-Jahren an den Tag, als der Katalysator eingeführt werden sollte. Das mag daran liegen, dass Deutschland nicht die Wiege der Katalysatortechnik war. Den Autoabgaskatalysator hatte 1950 ein Franzose erfunden und in den 1970er-Jahren wurde er in einigen US-Bundesstaaten erstmals vorgeschrieben. In Deutschland musste die Einführung erst einmal durch steuerliche Anreize versüßt werden, bevor sie Ende der 1980er-Jahre dann endlich auch für alle Neufahrzeuge Pflicht wurde. Inzwischen ist der Katalysator so selbstverständlich geworden, dass kaum mehr über ihn geredet wird.

Im Gegensatz zu den Rußfiltern treten bei Katalysatoren heute kaum mehr Probleme auf. Das liegt auch in der unterschiedlichen Funktionsweise. Beim Dieselfahrzeug hält der Rußfilter schädliche Rußpartikel zurück. Ist der Filter voll, werden die Partikel bei hohen Temperaturen von 700 bis 800 Grad Celsius verbrannt. Das kostet Sprit und funktioniert leider nicht immer einwandfrei. Katalysatoren kommen hingegen bei Benzinmotoren zum Einsatz. Sie sind kleine chemische Fabriken, die giftige Verbrennungsabgase des Motors in ungiftige Stoffe umwandeln. Die Abgasreinigung läuft beim Katalysator kontinuierlich ab und ist daher weniger kritisch als beim Rußfilter. Wenn der Motor kalt ist, funktionieren Katalysatoren allerdings auch nicht optimal. Auf Kurzstrecken blasen dann auch Autos mit Katalysator größere Mengen an Schadstoffen in die Luft.

Katalysatoren können sogar Leben retten. Seit Einführung der Katalysatortechnik ist die Zahl der Selbstmorde durch Autoabgase in Deutschland stark zurückgegangen.

Während man früher beim Abgasschnüffeln durch den giftigen Kohlenmonoxidgehalt schnell das Zeitliche segnete, kann man heute bei dem Versuch eher an Langeweile sterben.

Ein größeres Sterberisiko geht von den Rußpartikeln der vielen Dieselfahrzeuge ohne Filtertechnik aus. Durch den Feinstaub steigt das Lungenkrebsrisiko. Eine tägliche Joggingrunde entlang einer stark befahrenen Autobahn ist allerdings eine langwierige Methode, um einen Selbstmord zu praktizieren. Der Krebs kommt, wenn überhaupt, erst nach vielen Jahren. Laut Weltgesundheitsorganisation soll es aber immerhin jährlich zu einigen hunderttausend Todesfällen weltweit durch Feinstaub kommen.  Dieser Staub stammt zu etwa einem Drittel vom Verkehr. Industrie, Kraftwerke, Landwirtschaft und Holzheizungen in Privathaushalten sind weitere große Stauberzeuger.

Da große Teile der Bevölkerung nicht mit dem vorzeitigen Ableben durch Feinstaub liebäugeln, gilt in Deutschland seit 2007 die umstrittene Plakettenverordnung. Die Kommunen dürfen seitdem in Ballungsräumen Umweltzonen einrichten. Autos mit zu schlechten Abgaswerten müssen leider draußen bleiben. Kritiker bezweifeln die Wirksamkeit von Umweltzonen. Zum einen gibt es noch viele andere Feinstaubquellen als Autos, zum andern kann der Wind den Staub auch von außen in die Ballungsräume wehen. Dennoch wird die Einführung von Umweltzonen den Kauf von schadstoffärmeren Fahrzeugen vorantreiben.

Eigentlich hätten wir lieber ein komplett rußfreies Elektroauto gekauft als einen Diesel mit grüner Plakette und schlecht funktionierendem Filter. Ein Problem löst nämlich auch die beste Katalysator- und Rußfiltertechnik nicht: Bei der Verbrennung von Diesel und Benzin entsteht klimaschädliches Kohlendioxid. Ein Elektroauto ließe sich sogar ökologisch ganz korrekt mit Solarstrom wieder aufladen. Als familientaugliche Ausführung gab es bislang solche Autos einfach nicht. Eigentlich ist es kein Wunder, dass Automobilkonzerne in die Krise geraten sind, wenn sie nicht die Fahrzeuge bauen, die man kaufen möchte. Einen Grund, in absehbarer Zeit einen Neuwagen zu kaufen, gibt es trotz schlecht funktionierendem Dieselrußfilter für uns daher nicht.

Bereits 1882 fuhr Werner von Siemens einen elektrischen Kutschwagen durch Berlin. Er war seiner Zeit weit voraus. 1971 drehten Elektrofahrzeuge auf dem Mond ihre Runden. Anders als die Teflonpfanne hat das Elektroauto selbst 40 Jahre später nur sehr bedingt Alltagstauglichkeit erlangt. Es scheint aber, dass die Klimaerwärmung die Renaissance der Elektroautos vorantreibt. Doch mit dieser Frage wollen wir uns später noch einmal genauer beschäftigen. Dass unsere Autos aus Umweltsicht immer noch nicht optimal sind, hat auch sein Gutes. Immerhin kommen unsere Kinder so in den Genuss der Feinstaubplaketten. »Schau mal Papa, der hat auch nur eine rote Plakette und nicht grün wie wir!« Hätten alle Autos nur grüne Aufkleber, wären Autofahrten für die Kleinsten unter uns nämlich wesentlich langweilig.

Braucht das Klima wirklich Schutz?

Klimaschützer warnen: Die Klimakatastrophe kommt unausweichlich, wenn wir unseren Lebensstil nicht radikal ändern. Klimaskeptiker bezweifeln hingegen, dass der Mensch etwas mit den beobachteten Veränderungen zu tun hat – wenn es denn überhaupt eine weltweite Erwärmung gibt. Andere halten die Klimaveränderung für gut. Braucht das Klima denn wirklich Schutz und wenn ja, wie viel und von wem?

Journalisten und Politiker kennen sich besonders gut aus, wenn es um die Klimakatastrophe geht. Der ehemalige US-Präsident George W. Bush wusste zu Beginn seiner Amtszeit ganz genau, dass es keine vom Menschen gemachte Klimaveränderung gibt: »Wieso globale Erwärmung? Unter mir kühlt sich das politische Klima doch weltweit spürbar ab!« Dass es keinen Treibhauseffekt gibt, hatten ihm Vertreter aus der Erdölbranche einleuchtend erklärt – Klimaschutz ist ja auch nicht wirklich gut für das Geschäft. Am Ende seiner Regierungszeit waren wir dann auch tatsächlich in der Nähe einer Eiszeit angelangt. Eine dritte oder vierte Amtszeit hätte die globale Erwärmung sicher endgültig verhindert. Die amerikanische Verfassung hat das aber vereitelt. Nun kam Barack Obama ans Ruder und seitdem geht es weltweit mit den Temperaturen spürbar bergauf. Obama hatte erkannt, dass wir ein Klimaproblem haben – nicht nur ein politisches. Über Klimaschutz entscheiden also Personen, nicht Fakten.

Die Fakten liegen aber eigentlich schon seit langem auf dem Tisch und die Klimazusammenhänge sind relativ simpel. Ausgangspunkt von allem Wohl oder Übel ist die Sonne. Auf der Erde existiert ein über Jahrtausende entstandenes Strahlungsgleichgewicht. Die Erde gibt einen Großteil der von der Sonne eintreffenden Energie wieder in das Weltall ab. Zum Glück! Ansonsten würde sich die Erde unendlich erwärmen und letztendlich als Feuerball verglühen. Verschiedene natürliche Gase wie Kohlendioxid, Wasserdampf oder Ozon erschweren die Abstrahlung ins Weltall. Ähnlich wie das Glasdach eines Treibhauses halten sie einen Teil der Strahlung zurück. Dies ist auch gut so. Sonst wäre es nämlich auf der Erde rund 33 Grad kälter und ziemlich ungemütlich.

Die Menschen pusten nun seit etwa 250 Jahren relativ ungehemmt jede Menge zusätzlicher Treibhausgase in die Atmosphäre. Neben Kohlendioxid sind dies Methan, Lachgas, Ozon, FKW oder FCKW. Fast 30 Milliarden Tonnen an Kohlendioxid entstehen jedes Jahr allein durch die Verbrennung von Kohle, Erdöl und Erdgas. Damit verstärkt sich der Treibhauseffekt, ähnlich, als ob man noch zusätzliche dünne Plastikfolien über ein Treibhaus spannen würde. Je mehr schädliche Treibhausgase wir ausstoßen, umso stärker wird dieser Effekt. In einem normalen Treibhaus würde sich durch unsere Folie die Temperatur nicht binnen Sekunden, sondern über einen längeren Zeitraum erhöhen. Als Folge des globalen Treibhauseffekts steigt auch die weltweite Temperatur langsam an, bis sich irgendwann einmal ein neues Gleichgewicht einstellt.

Messungen zeigen, dass die Konzentration von Kohlendioxid in unserer Atmosphäre in den letzten 200 Jahren bereits um 40 Prozent zugenommen hat. Wir wissen sogar, dass die Konzentration schon höher ist als irgendwann in den vergangenen 650 000 Jahren. Um das zu beweisen, musste man tief ins arktische Eis blicken. Im Permafrost kommt jedes Jahr eine neue Schneeschicht hinzu. In den unteren Schichten wird der Schnee langsam zu Eis gepresst, dabei werden kleinste Luftbläschen eingeschlossen. Bohrt man in die Tiefe, kann man ähnlich wie bei den Jahresringen an Bäumen in die Vergangenheit zurückschauen. Je tiefer man bohrt, desto weiter kann man zurückblicken. Die Luftbläschen aus den verschiedenen Epochen lassen sich nun anstechen und analysieren.

Wir wissen auch, dass mit dem Kohlendioxidanstieg die Temperatur auf der Erde im Durchschnitt bereits um rund ein Grad geklettert ist. Anfangs bezweifelten die Klimaskeptiker diesen Temperaturanstieg. Als Gegenbeweis verwiesen sie auf Temperaturmessungen von Satelliten, die sogar sinkende Temperaturen zeigten. Heute wissen wir, dass es sich hierbei nicht um sinkende Temperaturen, sondern um sinkende Satelliten handelte. Diese veränderten nämlich im Laufe der Zeit ihre Position und zeichneten damit falsche Werte auf.

Das Kunststück der Klimaforschung ist nun, präzise und lokale Vorhersagen für die Zukunft zu treffen. Das ist ähnlich aufwändig, als wollte man wissen, wie stark die Temperatur in einem Gewächshaus genau an der dritten Tomatenpflanze hinten links in drei Tagen ansteigt, wenn wir zusätzlich eine dünne Folie über das Treibhausglasdach werfen. Solche Untersuchungen sind beliebig kompliziert und bieten natürlich auch Klimaskeptikern unendlich viele Angriffspunkte. Dass wir Probleme haben, die Temperatur an der Tomatenpflanze auf ein Zehntel Grad genau vorherzusagen, ändert allerdings nichts an der Tatsache, dass es rund um die Tomatenpflanze prinzipiell wärmer wird.

Eine genaue Prognose der Durchschnittstemperaturen für den Juni des Jahres 2100 ist in der Tat Kaffeesatzleserei. Wir wissen ja nicht einmal, wie viele Treibhausgase wir bis dahin freisetzen werden. Die Klimaforscher geben daher immer eine große Spanne an. Sie erwarten eine Erwärmung zwischen zwei und rund sechs Grad bis zum Jahr 2100. Ob wir uns am unteren oder oberen Ende der Bandbreite bewegen, haben wir noch selbst in der Hand.

Die Erkenntnis, dass es einen Treibhauseffekt gibt, ist übrigens nicht wirklich neu. Bereits im Jahr 1896 stellte der schwedische Chemienobelpreisträger Svante August Arrhenius die gewagte Theorie auf, Kohlendioxid könnte zu einer Erderwärmung führen. Dabei konnte er der globalen Erwärmung aber überwiegend positive Seiten abgewinnen.

Auch heute finden einige den Treibhauseffekt echt gut. Die Russen haben zum Beispiel schon mal vorsorglich von einem U-Boot aus direkt unter dem Nordpol ihre Landesflagge gehisst. »Der gehört uns, wenn wir ihn endlich aufgetaut haben.« Das soll ihre Ansprüche auf die dortigen Bodenschätze verdeutlichen. Die sind vermutlich bald zugänglich, wenn der Nordpol in rund 30 Jahren im Sommer eisfrei sein wird. Auch die deutschen Winzer freuen sich, dass der Wein hierzulande durch die zunehmende Sonne nicht mehr ganz so sauer ist. In Großbritannien gibt es erste Versuche, Oliven anzubauen, und eine britische Studie fand erstaunlicherweise sogar heraus, dass es durch die globale Erwärmung weniger Kältetote geben wird – klingt irgendwie plausibel. Wofür die Wissenschaft nicht alles gut ist. Ein Online-Portal versuchte vor einiger Zeit per Umfrage herauszufinden, was sich die Deutschen von der Erderwärmung erhoffen. Gut 50 Prozent entschieden sich für die Antwort: »Mehr nackte Weiber.« Als Frau könnte man nun kontern: »Kamele lieben ganz besonders den Treibhauseffekt. Durch die globale Erwärmung werden sich nämlich die Wüsten weiter ausdehnen.«

Doch lassen wir die platten Witze mal beiseite. Selbst wenn sich die schlimmsten Klimaprognosen bewahrheiten, wird die Erde dadurch nicht untergehen. Große Klimaveränderungen hat es schon immer gegeben. Die Dinosaurier in der späten Kreidezeit vor 80 Millionen Jahren lebten in einem extremen Treibhausklima mit sehr viel höheren Temperaturen als heute. Damals war der Meeresspiegel aber auch rund 170 Meter höher als jetzt. Der Natur ist es immer gelungen, sich an die verändernden Bedingungen der Erde anzupassen – nur Dinosaurier gibt es heute nicht mehr.

Da sich die Kontinente seit der Kreidezeit verschoben haben, sind solch extreme Wasserstände heute nicht mehr zu erwarten. Taut das gesamte Grönlandeis ab, rechnen wir »nur« mit einem Meeresspiegelanstieg von sechs bis sieben Metern. Es soll Berliner geben, denen das gar nicht schnell genug gehen kann: »Ist doch klasse! Dann haben wir es nicht mehr so weit bis zu Ostsee.« Neben dem Grönlandeis gibt es aber auch noch die antarktischen Eismassen. Wenn die durch die globale Erwärmung auch noch abtauen, wird es selbst für Berlin ungemütlich. Rund 70 Meter würden dann die Meeresspiegel ansteigen. Braunschweig wäre dann Küstenstadt. Da außer Berlin auch Bonn zu niedrig liegt, müssten wir uns eine ganz neue Hauptstadt suchen. Der Schlachtruf »Ohne Holland fahren wir zur WM!« hätte dann auch eine ganz neue Bedeutung. Spötter sollten künftig auch nicht immer über holländische Wohnwagen herziehen. Unsere armen Nachbarn trainieren doch nur für die Klimaerwärmung. Nicht einmal Bayern käme dann ungeschoren davon. Dort hießen dann alle Campingplätze »Campingplaatsen« und wären dauerhaft belegt. Zum Glück braucht das Abschmelzen aller Eismassen viele Jahrhunderte, sodass der großflächige Neubau von Wohnwagenstellplätzen in Süddeutschland noch etwas warten kann.

... GERETTET !?

Pessimistische Prognosen gehen bei einer Erderwärmung von gut fünf Grad von einem Meeresspiegelanstieg von knapp einem bis fast zwei Metern in den nächsten hundert Jahren aus – vorausgesetzt wir ergreifen keine Maßnahmen zur Bekämpfung des Treibhauseffekts. Die ersten Wohnwagenstellplätze wären dann vielleicht sogar schon fällig. Für Berlin und Bonn gäbe es aber erst viel später ein Problem. Doch viele Millionen Menschen weltweit in tiefer gelegenen Regionen müssten bereits vor den steigenden Meeresspiegeln fliehen. Die Folge wären die größten Völkerwanderungen in der Geschichte der Menschheit, mit all den damit verbundenen Problemen. Die Auswirkungen der jüngsten Weltwirtschaftskrise dürften dagegen ziemlich harmlos sein.

Daher fordern Klimaforscher, Umweltschützer und auch einige Politiker drastische Maßnahmen zum Schutz des Klimas. Ganz stoppen ließe sich der bereits eingetretene Treibhauseffekt dadurch zwar nicht mehr. Sicher ist aber das langfristige Versenken von Berlin und Bonn im Meer noch vermeidbar.

Skeptiker meinen jedoch immer noch, an der ganzen Klimahysterie sei überhaupt nichts dran. Klimaforscher würden solche Szenarien nur erfinden, um mehr Forschungsgelder zu erhalten. Auf der anderen Seite ist es aber auch kein Geheimnis, dass weitreichende Klimaschutzmaßnahmen für einige derzeit gut verdienende Unternehmen nicht unbedingt geschäftsfördernd sind. Organisationen wie das Competitive Enterprise Institute (Institut für wettbewerbsfähige Unternehmen) »CEI« in den USA behaupten daher munter, dass Kohlendioxid gar kein Schadstoff sei, sondern sogar das Pflanzenwachstum begünstige. Dass Pflanzen durch mehr Kohlendioxid besser wachsen, ist sicher richtig. Aber was nützt es uns, dass Bananen künftig auch gut in Norddeutschland gedeihen, wenn wir sie dann vom Boot aus ernten müssen?

Trotzdem bleiben bei vielen Laien Zweifel, wer denn nun wirklich Recht habe. Den letzten wissenschaftlichen Beweis für die Richtigkeit der Klimatheorie kann man allerdings erst erbringen, wenn die Klimakatastrophe endgültig eingetreten ist. Dann wird sich zeigen, ob sich die Ostsee wirklich schon nach Berlin vorgearbeitet hat. Bis dahin einfach abzuwarten, ist aber vielleicht nicht wirklich die richtige Strategie.

Um das zu verdeutlichen, stellen wir uns einfach einmal vor, wir befänden uns zusammen mit vielen anderen in einem Haus und bemerkten, dass über uns der Dachstuhl brennt. Würden wir genau wie auf den Treibhauseffekt reagieren, müssten wir erst mal ruhig sitzen bleiben. Wir merken ja, es wird im Haus wärmer. Aber ob die steigende Temperatur uns wirklich schaden kann, ist noch nicht endgültig wissenschaftlich bewiesen. Viel-

leicht geht das Feuer ja auch von selbst wieder aus. Das könnte man erst einmal abwarten. Auch die verantwortlichen Politiker im Haus ordnen nicht das Löschen an, sondern diskutieren erst einmal Lösch-

konzepte. Bis Ende des Jahres sollten nach ihrer Auffassung 30 bis 40 Prozent des Brandes gelöscht sein. Vertreter der Bauindustrie sind sogar felsenfest davon überzeugt, dass ein Feuer gar nicht schädlich für das Haus ist. Feuer hat schließlich auch gute Eigenschaften. Man kann damit zum Beispiel Grillen oder Zigarren anzünden. Kein Grund also, bei einem brennenden Haus Panik zu schieben. Der eine oder andere käme nun vielleicht doch in Versuchung, selbst einen Eimer Wasser in die Hand zu nehmen. Wenn die anderen nicht mitmachen, ist das Feuer aber nicht auszubekommen. Also wird der Eimer erst mal wieder hingestellt.

Die Geschichte mit dem Haus geht übrigens gut aus. Ein Kind füllt seinen Sandkasteneimer mit Wasser und rennt mit dem Teddy in der Hand die Treppe hinauf. Alle anderen schauen sich verdutzt an, springen auf und sausen mit einem Wassereimer dem Kind hinterher. Kurz darauf ist das Feuer gelöscht. Der Dachstuhl hat zwar ziemlich gelitten, aber das Haus ist im Großen und Ganzen heil geblieben. Manchmal muss einfach nur einer den Anfang machen.

Natürlicher Treibhauseffekt
Verschiedene natürliche Gase wie Wasserdampf, Sauerstoff oder natürliches Kohlendioxid verhindern, dass die Sonnenstrahlung wieder ungehindert ins Weltall abgestrahlt werden kann. Darum haben wir auf der Erde eine Durchschnittstemperatur von plus 15 Grad Celsius. Ohne diese Gase würde die mittlere Temperatur auf der Erde bei etwa minus 18 Grad Celsius liegen.

Anthropogener Treibhauseffekt
Wer möchte nicht einmal mit hochwissenschaftlichen Phrasen seine Kompetenz beweisen: »Der anthropogene Treibhauseffekt ist bekanntermaßen kausal verantwortlich für die forcierte Expansion der Hydrosphäre.« Man könnte auch sagen: »Durch den vom Menschen verursachten Treibhauseffekt steigen die Meeresspiegel immer schneller an.« Klingt aber nicht so gut.

Anthropos ist griechisch und heißt Mensch. Der anthropogene Treibhauseffekt kommt also von uns – besser gesagt von den von uns verursachten Treibhausgasen.

Braucht das Klima wirklich Schutz?

Dadurch hat sich bislang die weltweite Temperatur um knapp ein Grad zusätzlich erhöht. Je nachdem, wie intensiv wir noch Treibhausgase freisetzen, rechnen Klimaforscher mit einem weiteren Temperaturanstieg zwischen einem und sechs Grad in den nächsten hundert Jahren.

Treibhausgase

Zu den vom Menschen verursachten Treibhausgasen zählen außer Kohlendioxid auch Methan, Lachgas, Ozon, FKW und Schwefelhexafluorid. Kohlendioxid entsteht durch Verbrennung von Erdöl, Erdgas, Kohle oder tropischer Urwälder. Methan und Lachgas kommen größtenteils aus der Landwirtschaft, FKW und Schwefelhexafluorid von der chemischen Industrie.

Deutsche Klimapolitik rettet die Welt

Bereits seit über 20 Jahren ist Klimaschutz in der deutschen Politik verwurzelt. Deutschland hat als eines der wenigen westlichen Industrieländer seine Treibhausgasemissionen sehr frühzeitig spürbar gesenkt. Deutsche Politiker sind sich einig: Unsere Klimapolitik ist ein Vorbild für die gesamte Welt. Ganz so vorbildlich sind wir dann aber doch nicht – denn versprochen wurde in der Vergangenheit viel, erreicht aber wesentlich weniger.

Angie Merkel spielt in der deutschen und internationalen Klimapolitik eine wichtige Rolle. In ihrer Amtszeit wurden erstmals vielversprechende Klimaschutzziele als deutsche Regierungsziele übernommen. Das war allerdings in ihrer Amtszeit als Bundesumweltministerin im letzten Jahrtausend. Als Bundeskanzlerin backt sie inzwischen viel kleinere klimapolitische Brötchen – die kann sie aber hervorragend verkaufen. Der in der Öffentlichkeit gefühlte Beginn der Klimapolitik datiert erst auf das Jahr 2007, als der US-Politiker Al Gore zusammen mit dem UN-Weltklimarat den Friedensnobelpreis erhielt. In Deutschland begann die ernsthafte Auseinandersetzung mit der Klimafrage bereits im Jahr 1987. Damals setzte der Deutsche Bundestag unter der Regierung Kohl einen Ausschuss aus Politikern und Experten mit dem wohlklingenden Namen »Enquête-Kommission: Vorsorge zum Schutz der Erdatmosphäre« ein.

Die Ergebnisse dieser und der nachfolgenden Kommission unterschieden sich nicht viel von dem, was zwanzig Jahre später nobelpreistauglich war. Es wurde dringend empfohlen, den weltweiten Temperaturanstieg auf maximal zwei Grad zu begrenzen. Damit würden wir ein Herz für Hamburg beweisen und Bayern höchstwahrscheinlich vor der Invasion holländischer Wohnwagen bewahren. Auch heute gehen die Klimaforscher noch davon aus, dass wir damit das Versenken der meisten Küstenstädte im Meer verhindern könnten. Zu erreichen ist das, wenn alle Industrieländer wie Deutschland die 25-50-80-Regel umsetzen. Das bedeutet: Rückgang des Treibhausgasausstoßes um 25 Prozent bis zum Jahr 2005, um 50 Prozent bis zum Jahr 2020 und um 80 Prozent bis zum Jahr 2050, jeweils im Vergleich zum Jahr 1990.

Das sind viele Zahlen, aber eine sehr einfache Regel. Daher fand sie auch schnell Anhänger. Bereits die Regierung Kohl mit der Ministerin Merkel übernahm die erste Stufe für 2005 als Regierungsziel, die Regierung Schröder dann auch die Vorgaben bis 2050. Nun klingt die Regel zwar einfach und leicht verständlich – ist sie aber offenbar nicht, denn befolgt hat sie bislang noch kein westliches Industrieland, auch nicht das Klimaschutzvorbild Deutschland.

Der internationale Klimaschutz hatte seine Geburtsstunde im Jahr 1992 in Rio de Janeiro. Damals vereinbarten die meisten Staaten die UN-Klimarahmenkonvention. Darin verpflichteten sie sich, eine gefährliche Störung des Klimasystems zu verhindern. Was man unter einer gefährlichen Störung versteht, ist bis heute Ansichtssache. Für viele Staaten der Erde stellt ein Meeresspiegelanstieg um einen Meter noch keine gefährliche Störung dar. Für den pazifischen Inselstaat Tuvalu hingegen wäre das aber bereits existenzbedrohend. Der größte »Berg« von Tuvalu hat nämlich gerade einmal eine Höhe von fünf Metern. Der Rest des Landes liegt viel tiefer. Daher beantragte die Regierung von Tuvalu bereits vorsorglich für ihre gesamte Bevölkerung Asyl in Neuseeland und Australien. Beide Staaten lehnten dies erst einmal ab. Völkerrechtlich ist die Frage durchaus interessant. Nach der UN-Charta dürfen die Grenzen von Tuvalu nicht gewaltsam verändert werden. Bleibt die Frage, ob ein Akt der Gewalt vorliegt, wenn die Industriestaaten durch den ungehemmten Ausstoß von Treibhausgasen einen Staat von der Landkarte tilgen. Da das Land nicht einmal ein Viertel der Einwohner von Wanne-Eickel hat, wird Tuvalu von der großen Weltpolitik aber erst mal weiter ignoriert.

Als Durchbruch für den internationalen Klimaschutz gilt allgemein das so genannte Kyoto-Protokoll aus dem Jahr 1997. Darin verpflichteten sich die Industriestaaten erstmals, ihre Treibhausgasemissionen zu begrenzen oder zu senken. Jedes Land handelte seinerzeit eigene Klimaschutzziele aus. Von der 25-50-80-Regel wollte allerdings keiner so richtig etwas wissen. Auch die damalige deutsche Umweltministerin Merkel ließ erst einmal das zuvor erwähnte Regierungsziel ein Regierungsziel sein und sagte nur einen Rückgang um 21 Prozent bis zum Jahr 2012 zu. Im Jahr 1998 kam dann die erste deutsche rot-grüne Bundesregierung zu Amt und Würden. Diese bekannte sich wieder voll zur 25-50-80-Regel.

Kurz vor der Abrechnung des ersten Reduktionsziels kam es in Deutschland im Jahr 2005 zu einem erneuten Regierungswechsel. Man hätte fast meinen können, die rot-grüne Regierung hätte vorzeitig das Handtuch geschmissen, um nicht für das Verfehlen des ersten Klimaschutzziels verantwortlich zu sein.

Dabei sieht das Resultat für 2005 auf den ersten Blick gar nicht so schlimm aus. Die versprochenen 25 Prozent wurden zwar nicht erreicht, aber immerhin ging der Ausstoß von Treibhausgasen um rund 20 Prozent zurück. Seit dem Jahr 2005 wird allerdings die 25-50-80-Regel von allen politischen Parteien in Deutschland totgeschwiegen. Als ich einmal einen langjährigen Bundestagsabgeordneten nach  Gründen fragte, bekam ich die einleuchtende Antwort: »Über Misserfolge reden wir Politiker nicht so gern.«

Was auf den ersten Blick gar nicht so schlimm aussieht, ist auf den zweiten Blick ziemlich blamabel. Zu Beginn der Klimadiskussion in Deutschland gab es nämlich noch zwei Deutschlands: Ost und West. Nach der Wiedervereinigung gab es in Ostdeutschland die allseits bekannten blühenden Landschaften: Wo einst rauchende Schornsteine waren, hielt die Natur wieder Einzug. Durch den Zusammenbruch der ostdeutschen Industrie ging der

Treibhausgasausstoß in den fünf neuen Bundesländern bis zum Jahr 2005 um rund die Hälfte zurück. In den alten Bundesländern stiegen die Emissionen nach der Wende hingegen sogar erst einmal an und lagen dann im Jahr 2005 nur unwesentlich unter denen von 1990. Ein Großteil des gesamtdeutschen Emissionsrückgangs war also auf die Wiedervereinigung zurückzuführen.

Insofern ist die Einsparung von 20 Prozent an Treibhausgasen eher ein Buchungstrick. Würden wir beispielsweise Frankreich und Rumänien wiedervereinigen, hätten diese für das Jahr 2005 immerhin auch 18 Prozent vorzuweisen. Beide Länder haben zwar keine gemeinsame Grenze und keine gemeinsame Sprache – aber für den Klimaschutz müsste sich dieses Problem doch irgendwie lösen lassen. Selbst die als Klimasünder lange Zeit verschrienen US-Amerikaner hätten eine Chance, ihren übermäßigen Ausstoß an Treibhausgasen mit einem Schlag spürbar zu drosseln: die Wiedervereinigung mit Russland. Beide haben immerhin sogar schon eine gemeinsame Grenze. Die US-Vizepräsidentschaftskandidatin Sarah Palin stellte dazu im Jahr 2008 enthusiastisch fest: »Man kann Russland vom Land hier in Alaska wirklich sehen.« Für die Vizepräsidentschaft hat es dann aber bekanntermaßen nicht gereicht, und nun müssen die USA doch ihre Ziele selbst erreichen.

Was die Reduktion an Treibhausgasen anbelangt, war das Kyoto-Protokoll bislang kein wirklicher Erfolg. Die östlichen Industrieländer haben alle ähnlich starke Rückgänge wie Ostdeutschland zu verzeichnen.

STEIGENDE MEERESSPIEGEL?
DANK AMBITIONIERTER KLIMASCHUTZ-
MASSNAHMEN IST DAS PROBLEM PRAKTISCH
GELÖST...!

Die wesentlichen Länder legten bis auf wenige Ausnahmen hingegen zum Teil deutlich zu. Hinzu kommt der schnell steigende Ausstoß vor allem von China. Somit kletterten trotz des Kyoto-Protokolls die weltweiten Emissionen kontinuierlich nach oben. Erst die Weltwirtschaftskrise im Jahr 2009 hat es geschafft, den rasanten Anstieg der Treibhausgasemissionen etwas zu drosseln. Vielleicht hatten ja einige der viel gescholtenen krisenauslösenden Manager und Banker mit ihrem Handeln doch hehre Ziele im Auge …

Auch in Deutschland sind durch die Krise die Emissionen spürbar gesunken. Fairerweise muss man darauf hinweisen, dass schon in den Jahren kurz vor der Krise ein leichter Rückgang auch ohne neue Wiedervereinigungsgewinne erreicht wurde. Vor allem Energiesparmaßnahmen und erneuerbare Energien trugen dazu bei. Zum Erreichen der 25-50-80-Regel waren die Reduktionen aber noch deutlich zu gering. Löst man aber regelmäßig eine Weltwirtschaftskrise aus, könnte es doch noch klappen. Vielleicht wäre aber eine wirksame und weitreichende Klimaschutzpolitik ohne Wirtschaftskrisen die bessere Alternative. Energiesparende und klimaschonende Technologien haben nämlich sogar das Potenzial, die Wirtschaftsentwicklung kräftig zu beflügeln.

Klimaschutzziele
Welche Ziele müssen wir erreichen, um die globale Erwärmung zu verhindern? Gar keine, denn verhindern lässt sie sich nicht mehr.

Deutsche Klimapolitik rettet die Welt

Sie ließe sich aber immerhin noch auf noch zwei Grad Celsius begrenzen, wodurch wir bei den Klimafolgen vermutlich mit einem blauen Auge davonkämen oder bildlicher ausgedrückt nur mit einem Bein im Wasser stünden. Dazu müssten wir allerdings weltweit den Treibhausgasausstoß bis zum Jahr 2050 auf die Hälfte reduzieren.

Industrieländer wie Deutschland hätten einen größeren Beitrag zu leisten. Sie müssten ihren Ausstoß um 50 Prozent bis zum Jahr 2020 und sogar um mindestens 80 Prozent bis zum Jahr 2050 drosseln.

UN-Klimarahmenkonvention

Die Klimarahmenkonvention ist ein internationales Umweltabkommen. Sie wurde 1992 in Rio de Janeiro beschlossen und hat das Ziel, die globale Erwärmung zu stoppen und die Folgen zu mindern. Die Frage, wie dieses Ziel erreicht werden soll, wurde aber erst einmal vertagt.

Kyoto-Protokoll

Im japanischen Kyoto wurde 1997 eine ergänzende Vereinbarung zur Klimarahmenkonvention beschlossen. Im so genannten Kyoto-Protokoll ist festgelegt, welche Reduktionen einzelne Industrieländer bis spätestens 2012 erreichen sollten. Für Entwicklungs- und Schwellenländer wie China sah es keine Ziele vor. Die meisten östlichen Industrieländer haben deutlich stärkere Reduktionen erreicht als vereinbart. Die westlichen Länder schaffen hingegen mit wenigen Ausnahmen nicht einmal annähernd ihre Ziele. Für Deutschland ist dank statistischer Wiedervereinigungsgewinne die Bilanz noch recht ordentlich.

Das Kyoto-Protokoll vermochte nicht, die weltweiten Treibhausgasemissionen zu senken. Auch die aktuellen internationalen Bemühungen sind für einen wirklichen Klimaschutz nicht ausreichend.

Deutschlands ungeliebte Klimaschützer

Viele Jahre lang zeigten Umfragen stets ein konstantes Bild: Die Mehrheit der Deutschen wollte einen Ausstieg aus der Kernenergienutzung. Seit kurzem scheint sich diese Stimmung aber zu wandeln, und die Mehrheit weiß scheinbar nicht mehr ganz genau, was sie will. So interpretieren das zumindest einige Politiker. Die ungeliebte Kernenergie gilt bei ihnen neuerdings als Geheimtipp für Klimaschutz und billigen Strom.

Fragt man in Ländern wie Frankreich, Iran oder China nach, was sie von der deutschen Position zur Kernenergie halten, erntet man erst einmal nur Kopfschütteln: »Ihr habt die Kernenergie erfunden und nun wollt ihr eure sicheren und preiswerten Kernkraftwerke einfach abschalten, lange bevor sie kaputt sind?« »Genau!«, würden nun Antiatom-Aktivisten entgegnen. »Das Kraftwerk in Tschernobyl wurde nämlich erst abgeschaltet, nachdem es kaputtgegangen war.«

In der Tat, Deutschland ist das Land der Erfinder und Entdecker. So gelang den Deutschen Otto Hahn und Fritz Straßmann im Dezember des Jahres 1938 im Berliner Kaiser-Wilhelm-Institut für Chemie erstmals die Spaltung eines Urankerns. Die Kernspaltung ist also wirklich eine deutsche Erfindung – und auf unsere Erfindungen sind wir stolz. Von uns stammen auch andere wichtige Errungenschaften wie die Schallplatte, das Kokain, die Draisine, der Sixpack und das beleuchtete Stopfei. Manch eine der Erfindungen hat ihre Blütezeit schon hinter sich.

Fragen Sie mal einen Achtjährigen, was eine Schallplatte ist, während Sie sich die Vorzüge seines neuen MP3-Players erklären lassen. Manche Erfindungen – wie das beleuchtete Stopfei – warten noch auf ihre Blütezeit und andere wie das Kokain hätte es vielleicht besser nie geben sollen.

Die Kernspaltung ist aber nicht einfach nur eine simple Erfindung. Sie galt lang Zeit als Keimzelle einer modernen technischen Entwicklung. Heute spiegelt sie wie kein anders Thema die Zerrissenheit unserer Gesellschaft hinsichtlich Energie- und Umweltfragen wider. Bei einigen meiner Vorträge, bei denen ich eine positive Entwicklung beim Ausbau erneuerbarer Energien beschreibe, melden sich immer wieder engagierte Kernkraftbefürworter zu Wort: »Sie sind sicher nicht wirklich der Meinung, dass erneuerbare Energien die Welt allein vor dem Klimakollaps retten können. Dazu brauchen wir doch dringend auch die Kernenergie. Die  Atomkraft sollte neu bewertet werden. Das meinen Sie doch auch?« Mein Problem ist, dass ich das ganz und gar nicht meine. »Ich? Ich bin Kernkraftgegner! Atomkraft? Nein danke! Sieht man das denn nicht? Warum habe ich denn sonst lange ungepflegte Haare, trage ein knallgelbes T-Shirt mit einer lachenden roten Sonne drauf und habe vorhin fröhlich Sonnenblumen verteilt?«

Aber bleiben wir mal ernst und versuchen, das emotionale Thema sachlich anzugehen. Was, wenn nicht die regenerativen Energien, ist denn überhaupt in der Lage, das Klima zu retten? Die Kernenergie sicher nicht. Der gefühlte Kernenergieanteil bewegt sich zwar irgendwo jenseits von fünfzig Prozent. Der reale Anteil der Kernenergie ist aber deutlich magerer, irgendwo zwischen unwichtig und bedeutungslos. Gerade einmal fünf bis sechs Prozent des weltweiten Energiebedarfs gehen auf das Konto der Atomkraft. Real existierende Kernkraftwerke sind also für die Weltenergieversorgung unbedeutender als Brennholz. Der Kühlturm eines Atommeilers pustet

dann auch noch bei der Stromerzeugung den größten Teil der Energie ungenutzt als Abwärme in die Umgebung. Rechnet man die Abwärme und die Leitungsverluste zum Stromkunden heraus, kommt man zum so genannten Endenergiebedarf. Davon deckt die Kernenergie weltweit gerade einmal drei Prozent. Zugegeben, in Deutschland ist dieser Anteil höher. Hier liegt er immerhin bei sagenhaften sechs Prozent. Aber ob sich damit wirklich das Klima retten lässt?

Groß ausbaufähig ist die heutige Kernenergienutzung auch nicht. Dazu ist nicht genügend preiswertes Uran vorhanden. Nur wenige Länder bauen Uran in großem Stil ab. Die mächtigsten Vorkommen existieren in Kanada und Australien. Dabei ist Uran im Prinzip kein extrem seltenes Element. Je geringer der Uranerzgehalt ist, desto teurer und energieaufwändiger ist jedoch die Förderung. Wird der Erzgehalt extrem gering, benötigt man für die Gewinnung des Urans sogar mehr Energie als ein Atomkraftwerk wieder abgeben kann. Eine Förderung ist dann nicht wirklich sinnvoll.

Deutschlands ungeliebte Klimaschützer

Seit dem Jahr 1990 ist die Uranförderung deutlich niedriger als der Bedarf der laufenden Kraftwerke. Das übrige Uran stammt aus Atomsprengköpfen, die durch die Abrüstungsverträge nach dem kalten Krieg auszumustern sind. Einige Atomkraftwerke in den USA laufen heute mit Uran aus russischen Atomsprengköpfen. Schöner hätte es sich die Friedensbewegung der 1980er-Jahre kaum vorstellen können.

Ursprünglich dürfte ein Teil des Urans, das seinen Weg über russische Atomsprengköpfe in US-amerikanische Reaktoren gefunden hat, sogar aus Deutschland stammen. Mitte der 1950er-Jahre war Deutschland sogar das größte Uranförderland weltweit. Das Uranerz stammte aus verschiedenen Standorten in Sachsen und Thüringen. Die Sowjetisch-Deutsche Aktiengesellschaft Wismut förderte dort bis zur Wiedervereinigung rund ein Drittel des sowjetischen Uranbedarfs. Nach dem Fall der Mauer wurde das Unternehmen zum Sanierungsfall. Über sechs Milliarden Euro kostete uns Steuerzahler die Beseitigung der Umweltschäden des Uranabbaus.

Bald wird jedoch kein Uran aus russischen Sprengköpfen mehr auf den Weltmarkt kommen. Die gigantischen Waffenarsenale des kalten Krieges sind schließlich auch einmal erschöpft. Außerdem kann Russland schon heute seinen eigenen Uranbedarf kaum befriedigen und muss sich zusätzlich auf dem Weltmarkt eindecken. Wie lange sich noch neue Vorkommen erschließen lassen, um den Bedarf der existierenden Kraftwerke zu decken, kann niemand genau vorhersagen. Rohstoffexperten gehen jedoch davon aus, dass ab dem Jahr 2050 die wirtschaftlich interessanten Uranerzvorkommen zur Neige gehen.

Als Folge würden die Preise für Uran explodieren. Ein eventueller Ausbau der Kernenergienutzung verschärft das Problem sogar noch. Bei der heute angeblich so preiswerten Kernenergie spielen Kosten für die Uranerzeugung noch eine untergeordnete Rolle. Dies wird sich künftig sicher spürbar ändern.

Besonders kostengünstig lässt sich Strom mit alten abgeschriebenen Kernkraftwerken produzieren. Das ist wie mit alten Autos. Hat man erst einmal den Ratenkredit abbezahlt, fährt es sich damit ziemlich preiswert. Alte Autos haben zwar oft weder Airbags, ABS, ESP, Seitenaufprallschutz, Katalysatoren noch Rußfilter. Aber was soll's. Wer mag schon an Sicherheit oder die Umwelt denken, wenn sich kräftig Geld sparen lässt.

Neue Kraftwerke sind ähnlich wie neue Autos gar nicht mehr so billig. Im Gegensatz zum Kaufpreis von Autos sind die Kosten der Kernenergie nicht wirklich kalkulierbar. Ein Beispiel dafür ist der oft von Kernkraftbefürwortern gefeierte Kraftwerksneubau im finnischen Olkiluoto. Der sollte ursprünglich 2,5 Milliarden Euro kosten und im Jahr 2009 ans Netz gehen. Inzwischen sind die Kosten auf 4,5 bis 5 Milliarden angestiegen und der Reaktor ist erst im Jahr 2012 fertig.

In einigen Ländern spielen Kostenargumente bei der Nutzung der Kernenergie möglicherweise auch nur eine untergeordnete Rolle. Das könnte man zumindest denken, wenn Iran, Nordkorea oder Libyen ein besonders starkes Interesse an der Kernenergienutzung an den Tag legen. Dies liegt am Wesen der Kernspaltung. Hierzu benötigt man ein besonderes Uran-Isotop: das Uran-235. Zum Glück kommt Uran in der Natur meist nur in geringen

Konzentrationen vor. Das verhindert zwar unkontrollierbare natürliche Atomexplosionen, macht aber auch die Gewinnung von nutzbarem Uran aufwändig. Dazu müssen gigantische Mengen an Gestein umgewälzt werden, bis eine kleine Menge Natururan gewonnen ist. Dummerweise enthält das Natururan große Anteile an Uran-238, das nicht spaltbar ist und nur wenig Uran-235. Hier kommt die Anreicherung ins Spiel. Spezielle Zentrifugen erhöhen den Anteil des nutzbaren Uran-235. Rund fünf Prozent sind für den Betrieb von Kernkraftwerken sinnvoll. Lässt man die Zentrifugen noch etwas länger drehen, entsteht hoch angereichertes Uran. Je höher das Uran-235 angereichert wird, desto schneller läuft später die Kettenreaktion ab. Hoch angereichertes Uran-235 eignet sich daher gut für den Bau von Atombomben. Darum schreien  viele Länder laut auf, wenn der Iran seine Zentrifugen kreisen lassen will. Man weiß ja nie, wie lange die sich wirklich drehen.

Wegen der begrenzten Uranvorkommen werden sich heutige Kernkraftwerke spätestens in einigen Jahrzehnten weltweit von selbst erledigen. Ein Problem jedoch bleibt: der radioaktive Müll. Weltweit existiert kein einziges Endlager für hoch radioaktive Abfälle, die noch über Jahrmillionen strahlen. Wenn die Dinosaurier ein Endlager errichtet hätten, müsste es auch heute noch intakt sein. Seitdem haben sich jedoch Kontinente verschoben. Eiszeiten sind gekommen und gegangen. Erdbeben, Vulkanausbrüche, Änderungen der Grundwasserflüsse – all das müssen Endlager eine Ewigkeit unbeschadet überstehen.

Dass aber nicht alle Ereignisse vorhersehbar sind, zeigt das Beispiel des Salzstocks Asse. In dieser lange als sicher gepriesenen Anlage wurden bis 1995 radioaktive Stoffe eingelagert. Inzwischen dringt aber unkontrolliert aggressive Salzlauge in den Salzstock ein, und einzelne Stollen sind einsturzgefährdet. Die Sanierung wird vermutlich mindestens zwei Milliarden Euro an Steuergeldern verschlingen.

Nun wird auch wieder an der Sicherheit des geplanten Endlagers für hochradioaktive Stoffe im Salzstock Gorleben gezweifelt. Doch damit ergibt sich ein neues Problem: ein immer größer werdender Berg an radioaktiven Abfällen ohne wirkliches Entsorgungskonzept. Verschiedene Seiten fordern daher, an der bisherigen Planung festzuhalten und die Lager möglichst schnell in Betrieb zu nehmen. Die Nutzung der Kernenergie ist eben nur dann populär, wenn sie niedrige Preise verspricht. Selbst die heftigsten politischen Befürworter der Kernenergie werden schnell zu Gegnern, wenn es um radioaktiven Müll in ihrer Nähe geht. Einer der Hauptvorteile von Gorleben ist die relative geographische Abgeschiedenheit mit wenigen Wählern und Stromkunden. Doch dies sollte kein Argument für die Standortwahl eines Endlagers sein. Nach der nächsten Eiszeit kann nämlich die Siedlungsstruktur in Deutschland ganz anders aussehen. Von dem Endlager geht dann aber immer noch eine Gefahr aus.

Doch zurück zu den anfangs erwähnten Kernenergiebefürwortern. Wenn ich einmal rekapituliere, wie der typische Verfechter der Kernenergie aussieht, ist er meist

Deutschlands ungeliebte Klimaschützer

männlich, Physiker, Techniker oder Ingenieur und oftmals jenseits der 50 oder 60. Eine 20-jährige Frau, die entrüstet behauptet, erneuerbare Energien seien Quatsch und wir müssten endlich mal richtig auf die Kernenergie setzen, ist mir hingegen bislang noch nicht begegnet. Für die Gegner der Kernenergie mag diese Erkenntnis tröstlich sein. In den nächsten 30 Jahren dürften sich die vehementen Verfechter der Atomspaltung allein aus biologischen Gründen deutlich dezimieren. Eine Renaissance der Atomkraft in Deutschland ist schon daher wenig wahrscheinlich.

Die Ursache der unterschiedlichen Wahrnehmung der Kernenergie durch verschiedene Generationen mag auch in der historischen Entwicklung liegen. In den 1950er-Jahren galt die Kernenergie als höchst fortschrittlich und schick. Illustrierte diskutierten seinerzeit recht unbekümmert über atombetriebene Züge, Autos und Heizungsanlagen. Heute würden solche Visionen bestenfalls ein mitleidiges Lächeln hervorrufen. Ganz pragmatische Fragen würden eine solche Diskussion gar nicht erst aufkommen lassen. Wie soll man beispielsweise ein Atomauto betanken, und in welchem Radius ist im Falle eines Auffahrunfalls die Bevölkerung zu evakuieren? Zwischen den Jahren 1955 und 1962 leistete sich Deutschland sogar einen Atomminister – oder besser gesagt, einen Bundesminister für Atomfragen. Der erste, der dieses Amt bekleiden durfte, war kein geringerer als der spätere bayerische Ministerpräsident und Kanzlerkandidat Franz Josef Strauß. Obwohl heute ähnlich wie in den 1950er-Jahren die Energieproblematik für unsere Gesellschaft eine zentrale Rolle spielt, käme derzeit niemand auf die Idee, ein Bundesministerium für Solarenergiefragen einzurichten. Warum eigentlich nicht?

Bedeutung der Kernenergie

Der Anteil der Kernenergie am weltweiten Endenergiebedarf, der Strom, Brennstoffe zum Heizen und Treibstoffe umfasst, liegt bei rund drei Prozent. In Deutschland sind es rund sechs Prozent. Betrachtet man nur die Stromerzeugung, ist der Kernenergieanteil etwas höher. Länder wie Norwegen, Österreich oder Dänemark kommen übrigens ganz ohne Kernenergie aus. Andere Länder wie Iran, Libyen oder Nordkorea wollen hingegen erst in die Kernenergienutzung einsteigen.

Kosten der Kernenergie

Die Kosten für die Kernkraftwerke selbst vergleichsweise hoch, die Kosten für den Betrieb allerdings recht niedrig. Noch. Denn Uran ist wie Erdöl ein begrenzter Rohstoff. Solange das Uran aber vergleichsweise billig ist, möchten Kraftwerksbesitzer verständlicherweise ihre Kraftwerke möglichst lange betreiben. Die vermeintlich günstigen Preise des Atomstroms decken allerdings nicht alle Kosten ab. Würden sämtliche Kosten (wie Versicherungskosten für eine unbegrenzte Haftung für den Anlagenbetrieb und die Lagerung des radioaktiven Mülls oder Kosten für die Erforschung und Entwicklung) nicht mehr vom Steuerzahler getragen, wäre Atomkraft vermutlich schon heute nicht mehr wettbewerbsfähig.

Endlager

Ein funktionierendes Endlager für hochradioaktive Stoffe gibt es weltweit noch nicht. Alle gefährlichen Abfälle werden daher erst einmal zwischengelagert.

Deutschlands ungeliebte Klimaschützer

Die Suche nach einem Endlager erweist sich als schwierig, denn es müsste Jahrmillionen überstehen. Da man noch kein Lager gefunden hat, dem alle Experten das zutrauen, wird erst einmal weiter fleißig zwischengelagert – Ausgang offen.

Erneuerbare Energien und Kernenergie

Die Kernenergie wird gerne als Brückentechnologie oder optimale Ergänzung zu erneuerbaren Energien bezeichnet. In der Praxis passen Kernkraftwerke und erneuerbare Energien aber ganz und gar nicht zusammen. Kernkraftwerke sind schwer regelbar und laufen daher Tag und Nacht durch. Das Energieangebot von Wind- und Solaranlagen schwankt aber mit dem Wetter. Als Ergänzung bräuchte man daher schnell regelbare Kraftwerke. Genau das sind aber Kernkraftwerke nicht. Die Frage lautet also nicht: Wollen wir Kernenergie »und« erneuerbare Energien, sondern wollen wir Kernenergie »oder« erneuerbare Energien?

Gute Satire zur Atomkraft:
www.atomindustrie.de

Vom Brüten und Fusionieren

Wer behauptet, das Uran für Kernkraftwerke sei bald alle, muss sich von Kernkraftbefürwortern schnell eines Besseren belehren lassen. Schließlich gibt es ja schnelle Brüter, die nur noch einen Bruchteil des Urans benötigen. Und geht das Uran dann wirklich mal zu Ende, kann die Kernfusion all unsere Energieprobleme lösen.

Der schnelle Brüter ist eine wahre Geheimwaffe, wenn es um die effektive Ausnutzung der knappen Uranbrennstoffe geht. Geheimwaffen haben aber nicht selten ihre Tücken. Manchmal funktionieren sie nicht, sind noch nicht ausgereift oder gehen gar nach hinten los. Der Name »Brüter« kommt tatsächlich vom Brüten. Doch hierbei geht es nicht um das Ausbrüten von Hühner-, Schildkröten- oder Krokodileiern, sondern um das Erbrüten von Plutonium. Natururan besteht zum größten Teil aus Uran-238. Das ist aber nicht spaltbar und für herkömmliche Atomreaktoren völlig wertlos. Bei gewöhnlichen Atomreaktoren bestehen die Brennelemente zu etwa fünf Prozent aus Uran-235. Der Rest ist besagtes Uran-238. Der Brutreaktor kann Uran-238 nun ganz nebenbei in spaltbares Plutonium umwandeln. Damit werden schlagartig große Mengen Uran kerntechnisch nutzbar.

Etwa einhundert Mal lässt sich damit die Reichweite des Uranbrennstoffs strecken – theoretisch zumindest. In der Praxis geht man immerhin noch vom Dreißigfachen aus. Das deckt zwar noch lange nicht den weltweiten Energiehunger der nächsten Jahrzehnte oder gar Jahrhunderte. Es würde aber immerhin die Kernenergie von der versorgungstechnischen Bedeutungslosigkeit zu einer möglichen Übergangstechnologie befördern.

Der schnelle Brüter heißt übrigens nicht schneller Brüter, weil er das Plutonium besonders schnell ausbrütet, sondern weil er für das Brüten schnelle Neutronen nutzt. Erst wenn Uran-238 längere Zeit mit energiereichen schnellen Neutronen beschossen wird, entsteht dabei spaltbares Plutonium. Bei herkömmlichen Kernkraftwerken dient Wasser als Kühlmittel. Das bremst aber die Neutronen stark ab und macht sie  zu langsamen Neutronen. Langsame Neutronen können kein Plutonium erbrüten. Also kommt beim schnellen Brüter erst einmal das Wasser raus. Stattdessen dient nun flüssiges Natrium als Kühlmittel. Im Gegensatz zu Wasser bremst Natrium die Neutronen nicht weiter ab. Die Neutronen entstehen dann beim normalen Kraftwerksbetrieb bei der Spaltung von Uran-235 oder Plutonium von selbst, bleiben schnell und können weiterhin Plutonium erbrüten. Das heißt, der schnelle Brüter macht aus spaltbarem Uran-235 oder Plutonium wie ein herkömmliches Kernkraftwerk Wärme und Strom. Aus dem bislang nicht nutzbaren Uran-238 entsteht zusätzlich mit der Zeit wiederum spaltbares Plutonium, das sich dann erneut für den Kraftwerksbetrieb einsetzen lässt.

In der Theorie ist ein schneller Brüter also richtig klasse. In der Praxis gibt es aber mehrere Probleme. Eines davon heißt Natrium. Wie jeder aus dem Chemieunterricht weiß, reagiert Natrium stark exotherm, wenn es mit Wasser in Kontakt kommt. Für diejenigen, bei denen der Chemieunterricht schon eine Weile her ist, bedeutet das in einfachen Worten: Natrium mit Wasser brennt oder fliegt uns um die Ohren. Tritt Natrium durch ein Leck aus, ist der Kontakt mit Wasser nur schwer zu vermeiden. Schon Umgebungsluft enthält Feuchtigkeit. Ei-

nen Natriumbrand zu löschen ist schwierig. Es mit Wasser oder herkömmlichen Feuerlöschern zu versuchen, wäre genau die falsche Idee. Das würde den Brand erst so richtig anheizen. Bleibt also nur: abbrennen lassen oder den Brand mit Salz, Sand oder Beton zu bekämpfen. Keine beruhigende Vorstellung, dass irgendjemand tonnenweise Sand auf einen brennenden Reaktor werfen muss, um ein Feuer unter Kontrolle zu bekommen.

In der Theorie kommt ein Natriumbrand in einem Brutreaktor aber glücklicherweise erst gar nicht vor. In der Praxis durften die Japaner aber schon einmal das Löschen trainieren. Aus dem im Jahr 1994 in Betrieb genommenen japanischen Brutreaktor Monju traten gleich im Jahr 1995 mehrere hundert Kilogramm Natrium aus dem Kühlkreislauf aus. Das machte erst einmal das, was wir aus dem Chemieunterricht kennen: es reagierte stark exotherm. Ätzende Dämpfe und hohe Temperaturen brachten Stahlteile in der Umgebung des Lecks zum Schmelzen. Zum Glück waren keine sicherheitsrelevanten Anlagenteile dabei. Der Reaktor ließ sich kontrolliert herunterfahren. Das beim Unglück gedrehte Video war den Anlagenbetreibern aber so peinlich, dass es erst ein-

Vom Brüten und Fusionieren

mal in eine deutlich harmlosere Fassung gebracht wurde. Wie so oft im Leben kam das aber später heraus und sorgte für die entsprechende öffentliche Aufregung. Nachdem die Anlage dann weit über zehn Jahre still stand ist aber trotz aller Sicherheitsbedenken die Wiederinbetriebnahme geplant.

In den 1970er-Jahren galten schnelle Brutreaktoren auch in Deutschland als topmodern. Ganz klar, dass die Bundesrepublik ebenfalls solch ein Kraftwerk brauchte. Statt einem Paradebeispiel der deutschen Ingenieurskunst brachte diese Entscheidung dann aber ein weiteres skurriles Kapitel der deutschen Energiepolitik hervor.

Im Jahr 1973 starteten in Kalkar am Niederrhein feierlich die Bauarbeiten für den Brutreaktor Kalkar-1. In den Folgejahren kam es zu umfangreichen Protesten und Verzögerungen, sodass sich der Bau bis zum Jahr 1985 hinzog. Ein erster Brutvorgang ließ sich bei den Baukosten beobachten. Diese hatten sich bis dahin von den im Jahr 1969 anvisierten 250 Millionen Euro auf stattliche 3,5 Milliarden Euro vermehrt. 1985 konnte endlich Natrium eingefüllt werden, das ab dato durch den Kühlkreislauf zirkulierte. Die damalige Landesregierung von Nordrhein-Westfahlen verweigerte allerdings infolge von Sicherheitsbedenken die Betriebsgenehmigung und unterzog die Anträge einer langwierigen kritischen Prüfung. Brennelemente durften daher noch nicht in den Reaktor eingebracht werden.

Die Landesregierung brütete dann erst einmal bis 1991 über den Anträgen. Damit das flüssige Natrium in der Anlage nicht erstarrt, musste es in der Zwischenzeit mit elektrischen Heizstäben warm gehalten werden. Dadurch fielen pro Jahr Betriebskosten von 54 Millionen Euro an, ohne dass jemals eine Kilowattstunde Elektrizität aus dem Kraftwerk verkauft wurde. Im Jahr 1991 beendete schließlich der Bundesforschungsminister das Desaster und verkündete das endgültige Aus.

Ein Investor übernahm dann die gesamte Anlage für geschätzte 2,5 Millionen Euro – Millionen wohlgemerkt, nicht Milliarden, wie bei den Baukosten. Dieser errichtete auf dem Gelände des niemals in Betrieb gegangenen schnellen Brüters den Freizeitpark Wunderland Kalkar. Mit Gesamtkosten von über 4 Milliarden Euro dürfte das der teuerste Vergnügungspark der Welt sein. Heute findet in Kernie's Familienpark die absolut friedliche Nutzung der Kernenergie statt. Besucher können dort beispielsweise das Echo des Kühlturms ausprobieren, den Kühlturm von außen ersteigen oder auf dem Kraftwerksgelände Achterbahn fahren.

Auch in Frankreich endete der Ausflug in die Technologie des schnellen Brüters in einem finanziellen Desaster. Der Brutreaktor Superphénix war alles andere als  super. Im Jahr 1998 ging nach mehreren Zwischenfällen und massiven Protesten von Atomkraftgegnern die Anlage bereits nach zwölf Jahren wieder vom Netz. Auch während der Betriebszeit stand die Anlage mehr, als sie lief. Da Superphénix im Gegensatz zu Kalkar radioaktiv kontaminiert ist, eignet sich der Reaktor nicht einmal mehr für einen Vergnügungspark. So verlockend die Idee des schnellen Brüters auf den ersten Blick auch ist, inzwischen haben die meisten Länder die Lust daran verloren. Daran, dass der schnelle Brüter irgendwann einmal die Uranvorräte deutlich strecken wird, glaubt heute kaum noch jemand.

Daher soll nun die Kernfusion all unsere Probleme lösen. Im Gegensatz zu einem herkömmlichen Kernkraftwerk nutzt sie nicht die Kernspaltung zum Bereitstellen der Energie. Bei der Fusion soll schweres Wasser zu Helium verschmolzen werden und dabei mächtig viel Energie abgeben. Schweres Wasser hat einen etwas anderen atomaren Aufbau als normales Wasser. Im Gegensatz zu Uran lässt sich schweres Wasser in nahezu unbegrenzten Mengen gewinnen. Probleme mit der Reichweite der Brennstoffe dürfte es bei der Fusion daher nicht geben. Im Gegensatz zu Spaltreaktoren sind die Mengen an radioaktiven Abfällen bei Fusionsanlagen auch überschaubar. Im Falle eines großen Störfalls fliegt einem eine Fusionsanlage nicht um die Ohren, sie geht einfach aus. Es spricht eigentlich alles für einen Fusionsreaktor bis auf eines: Es gibt ihn noch nicht.

Seit Jahrzehnten gilt die Fusionskonstante: Danach dauert es zu jedem gefragten Zeitpunkt noch genau fünfzig Jahre, bis eine funktionierende Anlage ans Netz geht. Das Problem bei der Fusion sind die extrem hohen Temperaturen, die erforderlich sind. Das Fusionsmaterial muss erst mal auf Millionen von Grad Celsius erwärmt werden, bis die Fusion von selbst in Gang kommt. Momentan steckt man bei Versuchsanlagen noch mehr Energie zum Anheizen des Fusionsprozesses rein als wieder abgegeben wird. Es ist so, als ob man versucht, ein großes Stück triefnasses Holz mit einer Handvoll Streichhölzer anzuzünden. Der Vorteil beim Holz ist, man kann es

trocknen. Dann brennt es im Gegensatz zum Fusionsreaktor mit ziemlicher Sicherheit.

Zu Forschungszwecken wird in Südfrankreich jetzt
erst einmal ein noch größerer internationaler Versuchsre-
aktor errichtet. Der soll, so hofft man, erstmals deutlich
mehr Energie abgeben, als man in den Prozess hinein-
steckt. Rund fünf Milliarden Euro sind für den Bau des
ITER-Projekts erst einmal veranschlagt. Aber auch für
diese Anlage gilt noch die Fusionskonstante.

Kritiker meinen, die Fusionstechnik ist viel zu aufwändig. Ein hoher Aufwand bedeutet auch hohe Kosten.
Ökonomisch gesehen wird es vermutlich preiswerter sein,
unsere Energieversorgung mit erneuerbaren Energien zu

decken. Ob dem so ist, werden wir in
fünfzig Jahren erfahren, wenn dann nicht
auch noch die Fusionskonstante gilt.
Dabei gibt es in unserem Planetensystem
schon einen funktionierenden Fusionsreaktor: die Sonne. Man könnte denken,
dass es vielleicht sinnvoller wäre, die Sonnenenergie direkt zu nutzen, als hier auf der Erde mühsam eine Mini-
sonne nachzubauen. Aber dann hätten ja einige Physiker-
generationen künftig gar nichts mehr zum Spielen.

Deutsche Kernkraftwerke – todsicher?

Nach dem Reaktorunglück in Tschernobyl wurde stets be-
teuert, deutsche Kernkraftwerke seien absolut sicher.
Nach dem 11. September 2001 war eine Zeit lang über-
haupt nichts mehr sicher. In letzter Zeit häufen sich die
kleineren »Missgeschicke« auch in deutschen Reaktoren.
Bleibt die Frage, ob es denn überhaupt sichere Kern-
kraftwerke gibt.

Eine Hauptursache für das Aus von neuen Kernkraft-
werksprojekten in Deutschland waren die Ereignisse im
ukrainischen Kernkraftwerk Tschernobyl. Wegen Kon-
struktions-, Planungs- und Bedienungsfehlern kam es im
Jahr 1986 dort zur Katastrophe – der Kernschmelze.
Nach einer Explosion verteilte sich eine radioaktive Wolke über ganz Europa.

Es folgte eine lang anhaltende Verunsicherung. Die
Leute trauten sich nicht mehr auf die Straße, aßen kein
frisches Obst und Gemüse mehr und schmähten Pilze und
Milch. Ein Zug mit verstrahlter Molke geisterte wochenlang medienwirksam durch Norddeutschland. Aus Rücksicht auf den sowjetischen Bruderstaat gelangten hingegen in der DDR Informationen über das Unglück nur
zögerlich an die Öffentlichkeit. Im Gegensatz zu West-
deutschland blieb hier das Gemüseangebot reichhaltig.

Die junge Generation ging damals recht kreativ mit
der Katastrophe um. Ich stand kurz vor dem Abitur. Ein
Klassenkamerad erzählte mir, er habe in einem Elektro-
nikbastelbuch eine interessante Schaltung entdeckt.

Damit ließ sich einem gewöhnlichen Lautsprecher ein regelmäßiges Knacken entlocken. Den Lautsprecher hatte er in ein Gehäuse gepackt, aus dem ein Metallstab herausragte. Mit einem weißen Kittel ausgestattet marschierte er in den nächsten Supermarkt. Dort angekommen, näherte er sich mit langsamen Schritten und ernstem Blick dem Gemüsestand, seinen Apparat fest in der Hand. Mit einem Rad auf der Rückseite konnte er nun dafür sorgen, dass das Knacken immer schneller und lauter wurde, umso näher er dem Gemüse kam. Die entsetzten Blicke und Reaktionen der Kunden kenne ich leider nur aus seiner Erzählung.

Nachdem bereits die Kernschmelze im US-amerikanischen Kraftwerk »Three Mile Island« im Jahr 1979 für Diskussionen um die Kernenergie sorgte, war Deutschland durch die Tschernobyl-Katastrophe direkt betroffen. Sämtliche Pläne zum Ausbau der Kernkraft in Deutschland wurden über Nacht zu Altpapier.

Im Jahr 2000 vereinbarten die rot-grüne Bundesregierung und die deutschen Kernenergieunternehmen schließlich den so genannten Atomkompromiss. Danach gibt es keine neuen Kraftwerke mehr. Existierende Anlagen müssen nach durchschnittlich 32 Jahren eingemottet werden. Nach dem Regierungswechsel im Jahr 2009 sollte diese Regelung zugunsten der Kraftwerksbetreiber aufgeweicht werden.

In Deutschland ist aber ein großer Atomunfall völlig ausgeschlossen. Das meinen zumindest Vertreter der Atomwirtschaft und der Politik. Die Betreiber von Kernkraftwerken müssen daher nur eine Deckungsvorsorge von 2,5 Milliarden Euro vorweisen. Lösen Feindseligkeiten oder Naturkatastrophen einen Atomunfall aus, haftet der Betreiber mit dieser Summe, in anderen Fällen immerhin mit dem gesamten Konzernvermögen.

Das klingt erst einmal beruhigend. Beim Wechsel meiner Autoversicherung machte ich kürzlich einmal das, was man immer machen sollte, aber in der Regel dann doch unterlässt. Ich las das Kleingedruckte. Dabei blieb ich an folgendem Satz hängen:

»Nicht versichert sind
- vorsätzliche herbeigeführte Schäden,
- Schäden infolge von Alkohol- und Drogenkonsum sowie
- Schäden durch Kernenergie.«

Das fand ich dann weniger beruhigend. Randalieren, bekifft autofahren und das Betreiben von Kernkraftwerken sind also versicherungsrechtlich gleichzustellen. Um zu sehen, ob andere Versicherungen ähnliche Meinungen vertreten, schaute ich in die Police unserer Wohngebäudeversicherung: »Nicht versichert sind Schäden durch Radioaktivität von Kernreaktoren.«

Aha! Schäden infolge von Drogenkonsum sind dort also nicht ausgeschlossen – Glück gehabt. Selbst Meteoriteneinschläge, Flugzeugabstürze und Abgänge von Schneelawinen sind in Berlin versichert, nicht aber Unfälle von Atomreaktoren.  Nun fing ich an zu rechnen: Die Deckungssumme einer Kraftfahrzeughaftpflichtversicherung liegt üblicherweise bei 100 Millionen Euro. Betrachten wir einmal einen Inhaber eines Pflegedienstes mit einem Fuhrpark von 25 Kleinwagen. 25 mal 100 Millionen macht 2,5 Milliarden. Die Autos eines Pflegedienstes sind also genau so hoch versichert wie ein Kernkraftwerk. Der Fuhrpark eines Pflegedienstinhabers ist also offensichtlich genauso gefährlich wie ein Kernkraftwerk. Nun wurde es kritisch: In unserer direkten Nachbarschaft wohnt die Inhaberin eines Pflegedienstes. Oje. Nach Jahren erkenne ich jetzt erst die Gefahr.

Aber Spaß beiseite, möglicherweise ist die Deckungssumme eines Kernkraftwerks doch etwas niedrig? Beim näheren Hinsehen ist die gefühlte geringe Höhe der Deckungssumme eines Kernkraftwerks weniger verwunderlich. Angenommen, es käme in einem deutschen Kernkraftwerk, aus welchen Gründen auch immer, zu einem so genannten auslegungsüberschreitenden Störfall, umgangssprachlich auch Super-GAU genannt. Dann wären Schäden von mehr als 2500 Milliarden Euro zu erwarten. Dies ist über das 1000-fache der gesetzlichen Deckungsvorsorge. Müssten Kernkraftwerkbetreiber ihre Reaktoren in unbegrenzter Höhe versichern, würden die Versicherungskosten den Betrieb von Kernkraftwerken vermutlich sofort unwirtschaftlich machen. Bleibt die Frage, wer haftet, wenn die Deckungsvorsorge von 2,5 Milliarden Euro aufgebraucht und der Energieversorger pleite ist? Ganz einfach: die privaten Besitzer von Kraftfahrzeugen und Häusern, also wir alle. Ich sollte mal bei einem Kernkraftwerksbetreiber nachfragen, ob der im Gegenzug nicht wenigstens meine Kfz-Versicherung übernehmen könnte. Wäre doch ein schöner Zug.

Apropos Zug – im Prinzip kann keiner ernsthaft bestreiten, dass deutsche Atomkraftwerke über vergleichsweise hohe Sicherheitsstandards verfügen, genauso wie Flugzeuge oder eben Züge. Dennoch brechen Achsen oder enden Flugzeugstarts in Katastrophen. Jede Technik birgt ein Risiko und Betreiber sollten dieses eigentlich tragen. Mich wundert es daher, dass es in der Haftungsfrage nicht zu einem Aufschrei in der Bevölkerung kommt.

Eine Ursache ist vermutlich das subjektive Risikoempfinden. Das Fliegen mit einem Flugzeug wird beispielsweise als viel riskanter empfunden als das Wohnen im Einzugsbereich eines Atomkraftwerks. Ich möchte daher einmal versuchen, einige Vorfälle der Atomwirtschaft in den letzten Jahren in die Sprache des Linienflugverkehrs zu übersetzen.

In der Politik wurde beispielsweise lange kontrovers diskutiert, Kernkraftwerke entgegen des Ausstiegsbeschlusses einige Jahre länger laufen zu lassen. Das soll Kosten sparen. Erste Rechnungen kamen auf immerhin sagenhafte 50 Cent pro Monat und Bürger. Im Fliegerdeutsch würde das dann so lauten:

»Guten Tag, meine Damen und Herren, hier spricht Ihr Kapitän. Herzlich willkommen auf unserem heutigen Flug nach Mallorca. Unsere Konzernleitung hat mit der Politik eine erfreuliche Vereinbarung getroffen. Dieses Flugzeug, für das die Lebensdauerbegrenzung eigentlich 32 Jahre betragen sollte, darf die Strecke nach Mallorca noch einige Jahre weiter bedienen. Dadurch lassen sich die stark gestiegenen Kosten im Flugverkehr kompensieren, und wir können Ihnen diesen Flug nun um 50 Cent billiger anbieten.«

Deutsche Kernkraftwerke – todsicher?

Bereits im Jahr 2007 kam es im deutschen Kraftwerk Krümmel zu einem Trafobrand. Der Reaktor musste daraufhin heruntergefahren werden. Dabei gelangte Rauch in die Steuerungszentrale, und ein Mitarbeiter konnte nur mit einer Atemschutzmaske seinen Dienst fortsetzen:

»Bei einem Flug mit dieser Maschine kam es zu einem Brand im elektrischen Hilfsaggregat. Durch Rauch war die Sicht im Cockpit eingeschränkt, und mein Copilot musste seine Atemschutzmaske aufziehen. Nach einigen Missverständnissen zur Bedienung des Flugzeuges gelang uns aber die Notlandung auf dem nächsten Flughafen. Auch hier bestand zu keinem Zeitpunkt eine Gefahr für die Passagiere. Wir wünschen Ihnen einen guten Flug.«

Bleiben wir doch gleich bei den Flugzeugen. Flugzeuge eignen sich hervorragend für Terroranschläge, wie wir spätestens seit dem Jahr 2001 wissen. Jetzt könnte man auf die Idee kommen, dass sich Atomkraftwerke wiederum hervorragend als Terrorziele eignen. In der Praxis ist das aber glücklicherweise nicht der Fall:

»Ein Kernkraftwerk ist für Terroristen ein wenig attraktives Ziel. Sie könnten durch einen Angriff auf die Anlage nur wenige Menschen unmittelbar töten. Ihr ‚Erfolgserlebnis‘ ist deshalb gering«, klärt uns der ehemalige Hauptgeschäftsführer der Vereinigung Deutscher Elektrizitätswerke im Internet auf www.energie-fakten.de auf. Puh, wenn die Fakten so liegen, haben wir in Deutschland noch mal Glück gehabt. In Frankreich haben Terroristen offensichtlich andere Erfolgserwartungen. Denn dort installierte man im Jahr 2001 erst einmal Flugabwehrgeschütze bei kerntechnischen Anlagen.

In Deutschland gibt es dagegen aber verfassungsrechtliche Bedenken. Uns bleibt also nur die Risikoanalyse. So erläutert uns der Kollege aus der Elektrizitätswirtschaft: »Die deutschen Kernkraftwerke sind gegen Einwirkungen von außen ausgelegt. Mit Ausnahme der Ältesten.« Aha. Das ist ja dann wieder einmal beruhigend.

Zumindest die neueren Kraftwerke sind in Deutschland also gegen Flugzeugabstürze gesichert. Diese Anlagen sind so konstruiert, dass ein verirrtes 20 Tonnen schweres Kampfflugzeug vom Typ Phantom bei einem Volltreffer nicht den Reaktorschutzmantel durchschlagen kann. Dass ein 500 Tonnen schwerer Airbus A380 mit 250 Tonnen Kerosin an Bord in ein deutsches Atomkraftwerk einschlägt, war hingegen nicht geplant. Warum auch? Wer sollte auch schon auf die Idee kommen, ein Linienflugzeug in ein Gebäude zu steuern?

Da einige Kraftwerke überhaupt nicht geschützt sind und andere für wesentlich kleinere Einwirkungen von außen geplant sind, gibt es inzwischen Ideen für einen  nachträglichen Schutz. Statt Flugabwehrgeschützen sollten beispielsweise rund um deutsche Atomkraftwerke Nebelkanonen aufgestellt werden. Steuert ein entführtes Linienflugzeug einen Reaktor an, wird dieser sofort in Nebel gehüllt und wäre vom Terrorpiloten nicht mehr zu sehen. Bleibt nur die Frage, wie finden eigentlich echte Piloten bei echtem Nebel die Landebahn eines Flughafens?

Die Nebelidee hat bislang nicht extrem viele Anhänger gefunden und wird vermutlich doch nicht umgesetzt. Ein anderer Lösungsansatz zur Terrorabwehr klingt hingegen höchst interessant. Man könnte einen Ring von großen Windkraftanlagen rings um ein Kernkraftwerk aufbauen. Dort würden dann anfliegende Flugzeuge hängen bleiben, bevor sie in das Kraftwerk rasen. Beseitigt man dann auch noch den Reaktor in der Mitte, hätte man wirklich eine perfekte Lösung für ein absolut sicheres Kernkraftwerk gefunden.

Kohlendioxidfreiheit für die Kohle

Kohlekraftwerke sind der Horror eines jeden Klimaschützers. Über 300 Millionen Tonnen Kohlendioxid pusten sie jedes Jahr allein in Deutschland in die Atmosphäre. Weg mit der Kohle – das wäre das Beste für den Klimaschutz. Doch Kohle in Deutschland hat Tradition und damit eine starke Lobby. Daher soll die Kohle nun sauber werden, damit sie wieder zu den Guten zählt. Alles Kohlendioxid wird abgetrennt und weggesperrt – so zumindest die Theorie.

Das Ausgangsmaterial von Kohle ist absolut harmlos: Es sind abgestorbene Pflanzen aus der Urzeit. In sumpfigen Gebieten entstand aus ihnen Torf. Darauf lagerten sich mit der Zeit Sedimente und Erdmassen ab und pressten den Torf allmählich erst zu Braunkohle und später dann zu Steinkohle. Wenn wir heute Kohle wieder ausbuddeln und verbrennen, ist das im Prinzip nichts anderes, als wenn wir Holz verfeuern. Beides stammt von Pflanzen, nur dass die Pflanzen der Kohle nicht heute, sondern vor Jahrmillionen gelebt haben. Damals sah die Erde aber noch ganz anders aus. Das Klima war viel wärmer und feuchter. Die Atmosphäre enthielt viel Kohlendioxid. Mit der Kohle verschwanden auch gigantische Mengen an Kohlendioxid in der Erde und mit ihm das heiße Urzeitklima. Wenn wir heute die Kohle wieder Stück für Stück ausgraben und das gespeicherte Kohlendioxid durch die Verbrennung in die Atmosphäre schicken, brauchen wir uns eigentlich nicht zu wundern, wenn sich langsam wieder das Urzeitklima mit viel Kohlendioxid, hohen Temperaturen und gestiegenen Meeresspiegeln einstellt.

Da uns das heiße Urzeitklima aber weniger gut bekommen würde, soll nach dem Willen von Forschern, Politikern und Kohleindustrie das Kohlendioxid aus der Urzeit künftig nicht mehr in die Atmosphäre gelangen. Dazu gäbe es im Prinzip zwei Möglichkeiten. Die erste wäre recht simpel: Wir hören einfach mit dem Verbrennen von Kohle auf. Die andere ist etwas komplizierter: Wir sammeln das Kohlendioxid ein und entsorgen es sicher. Andere Schadstoffe wie Schwefel, Stickoxide oder Staub filtern wir heute ja auch schon bereits sehr zuverlässig in Kohlekraftwerken aus der Verbrennungsluft heraus. Theoretisch ist das auch beim Kohlendioxid möglich. Für das Herausfiltern ist allerding viel Energie nötig, wodurch die Effizienz der Kraftwerke sinkt. Erste Versuchsanlagen konnten dennoch bereits erfolgreich Kohlendioxid aus der Verbrennungsluft abtrennen.

Das Problem dabei sind die im Vergleich zu anderen Schadstoffen ungleich größeren Mengen. Würde man alles Kohlendioxid, das Deutschland pro Jahr erzeugt, über die Landesfläche verteilen, würden wir allesamt einen Meter tief in dem Klimagas versinken. Da reines Kohlendioxid giftig ist, wäre  diese Art der Entsorgung auf Dauer nicht gesund. Zum Glück verteilt sich das Kohlendioxid weltweit in der Atmosphäre. Weit mehr als ein Drittel unseres Kohlendioxids stammt aus Kohlekraftwerken.

Kohlendioxidfreiheit für die Kohle

Allein drei Prozent der gesamten deutschen Kohlendioxidemissionen kommen aus einem einzigen Braunkohlekraftwerk im brandenburgischen Jänschwalde. Damit gehört es zu den zehn größten Kohlendioxidschleudern weltweit.

Um den enormen Mengen Herr zu werden, gibt es verschiedene Ideen. Man könnte Kohlendioxid beispielsweise der Baustoffindustrie zuführen und daraus künstlich Kalkstein herstellen. Das Problem dabei wäre, dass niemand weiß, was mit den riesigen Mengen an Kalkstein passieren soll. Vielleicht sollte man jedem Stromkunden mit der Rechnung auch sein in Kalkstein gebundenes Kohlendioxid zuschicken. Mit ein bisschen Sammeln hätte dann bald jeder recht schnell die Baustoffe für ein neues Häuschen zusammen. Besonders bei Schwaben dürfte diese Idee vermutlich schnell Anhänger finden.

Eine andere Idee, das Kohlendioxid wieder loszuwerden, ist ebenfalls recht simpel. Dazu muss man einfach nur große Mengen an Eisen ins Meer schütten. Das Eisen düngt Algen. Die holen sich Kohlendioxid aus der Luft und gedeihen prächtig. Mit ihrem natürlichen Ende sinken sie dann zusammen mit dem Kohlendioxid auf den Meeresgrund. Diese Idee probierten deutsche Forscher jüngst aus und kippten 16 Tonnen Eisensulfat in der Antarktis ins Meer. Wie geplant vermehrten sich die Algen dort rasch. Doch bevor die Algen blühen und wie gewünscht auf den Meeresboden absinken konnten, machten sich Ruderfußkrebse über die Algen her. Große Mengen an Flohkrebsen erfreuten sich kurz darauf an der zunehmenden Ruderfußkrebspopulation. Am Ende des

Versuchs blieben ein Schwarm wohlgenährter Flohkrebse und eine wertlose Idee zurück.

Man könnte auch das Kohlendioxid verwenden, um große Mengen an Sprudelwasser, Limo oder Cola herzustellen. Doch auch dem größten Colaliebhaber würde die sprudelnde Brause bald zum Hals raushängen, wenn er morgens, mittags und abends nur noch Cola trinken dürfte. Der Erfolg für den Klimaschutz würde auch nicht lange anhalten. Mit dem nächsten Bäuerchen ist das Kohlendioxid nämlich schon wieder in der Luft.

Recht preiswert ist das Entsorgen von Kohlendioxid im Meer. Dazu kann man es wie mit einer Sodamaschine im Wasser lösen. Anders als bei Sprudelwasser darf man dabei aber nicht so viel Kohlendioxid lösen, dass es gleich wieder herausblubbert. Ähnlich wie bei einer offenen Sprudelflasche könnte aber auch das Kohlendioxid langsam wieder an die Luft entweichen. Gewonnen hätte man damit nicht viel. Auch wenn das Kohlendioxid im Wasser gelöst bleiben würde, wäre dadurch eine neue Umweltkatastophe vorprogrammiert. Im großen Maßstab würde dadurch nämlich das Meerwasser versauern und damit kalkhaltige Korallenriffe zerstören.

In einer anderen Variante soll daher konzentriertes Kohlendioxid in die Tiefsee verpresst werden. Der Wasserdruck – so hofft man – würde es am Meeresgrund festhalten. Den bösen Geistern der Tiefsee, so meinen Gegner, wird das gar nicht gefallen und verweisen auf Erscheinungen in Afrika. Die Einwohner von Kamerun und Ruanda sind überzeugt, dass drei Kraterseen, der Nyos-See, der Kivu-See und der Manoun-See, von bösen Geistern beherrscht werden und regelmäßig Opfer einfordern.

Kohlendioxidfreiheit für die Kohle

Und tatsächlich, am 21. August 1986 schlugen die Geister wieder erbarmungslos zu. Wie aus heiterem Himmel stieg gegen 21 Uhr 30 aus dem Nyos-See eine weiße geheimnisvolle Wolke empor und erstickte im Umkreis von 25 Kilometern alles Leben. 1700 Menschen und zahllose Tiere fielen dem Zorn der Geister zum Opfer.

Nicht alle Forscher wollten damals allein an ein geheimnisvolles Unheil glauben. Schließlich kamen Geologen den mysteriösen Todesfällen auf die Spur. Es waren nicht böse Geister, die Tod und Verderben brachten, sondern ganz normales Kohlendioxid. Am Boden des Kratersees entweicht es ständig aus einer Magmakammer auf natürliche Weise. Das Kohlendioxid löst sich im tiefen Wasser und bleibt durch den Druck des Wassers am Grund. Ein kleiner Erdrutsch reicht aus, um das Wasser in Bewegung zu bringen. Wie aus einer stark geschüttelten  Sprudelflasche blubbern dann gigantische Mengen Kohlendioxid an die Oberfläche des Sees. Da Kohlendioxid schwerer als normale Luft ist, steigt es dort nicht nach oben auf, sondern zieht als großflächige weiße Wolke über das Land und entzieht allen Tieren und Pflanzen den nötigen Sauerstoff zum Atmen.

Eine letzte und vielversprechende Möglichkeit, das Kohlendioxid loszuwerden, bleibt aber noch übrig: das Verpressen in den Untergrund. Als Lagerstätte eignen sich beispielsweise ausgebeutete Erdgasvorkommen oder Grundwasserseen. Ein Energieriese plant ab dem Jahr 2015 die Endlagerung tief unter Brandenburg. Damit die bösen Geister aus Kamerun nicht doch noch Brandenburg heimsuchen, untersuchen Forscher vor Ort, ob künstlich in den Untergrund verpresstes Kohlendioxid auch langfristig und sicher unten bleibt. Das Kohlendioxid für die Tests stammt aber nicht etwa aus Kohlekraftwerken, sondern wurde von einem Chemieunternehmen extra für die Versuche hergestellt. Bislang laufen die Speichertests in Brandenburg ohne größere Probleme. Die von den Speichern ausgehende Gefahr wird allgemein als niedrig eingeschätzt. Vielleicht sollte man aber sicherheitshalber doch vorschlagen, das Kohlendioxid direkt unter den Villen der Kohlebosse zu lagern. Wenn dann doch wider erwarten die bösen Geister des Kohlendioxids zuschlagen, kehren sie wenigstens zu denen zurück, die sie gerufen haben.

Da die Energiekonzerne mit Kohle zurzeit allerdings recht viel Kohle verdienen können, treiben sie die Abtrennung von Kohlendioxid intensiv voran. Schließlich

 wird dringend eine Rechtfertigung für den Neubau der als Klimakiller verteufelten Kohlekraftwerke gebraucht. Im Jahr 2008 wurde daher im brandenburgischen »Schwarze Pumpe« die erste Anlage zur Abtrennung von Kohlendioxid eingeweiht. Die Anlage befindet sich allerdings nicht – wie man meinen könnte – im dortigen Braunkohlekraftwerk, sondert direkt daneben. Strom produziert sie auch nicht. Aber Stromerzeugung ist momentan bei der Kohlendioxidabtrennung auch noch Nebensache.

Die Ankündigung des Energiekonzerns, in Brandenburg mit der kommerziellen Kohlendioxidabtrennung im

Kohlendioxidfreiheit für die Kohle

Jahr 2015 zu beginnen, ist vermutlich recht optimistisch. Vielleicht wird aus dem Jahr 2015 auch das Jahr 2020, 2025 oder 2030. So ganz sicher ist sich da heute niemand. Bis dahin pusten die deutschen Kohlekraftwerke weiter munter das Kohlendioxid in die Atmosphäre und geloben Besserung. Ob sich alte Kraftwerke wie Deutschlands größtes Kohlendioxidproblem in Jänschwalde überhaupt nachrüsten lassen, ist ebenfalls fraglich.

Selbst wenn einmal die Kohlendioxidabtrennung im großen Maßstab absolut reibungslos funktionieren wird, ganz kohlendioxidfrei wird ein Braunkohlekraftwerk nie. Insgesamt lassen sich nämlich nur 70 bis 90 Prozent des Kohlendioxids einsammeln und einlagern. Der Rest gelangt weiterhin in die Atmosphäre. Der Begriff kohlendioxidfreies Kohlekraftwerk ist somit irreführend. Ein Unternehmen aus der Solarbranche sah dies genauso und verklagte ein Energieversorgungsunternehmen, das mit der Entwicklung kohlendioxidfreier Kohlekraftwerke warb, auf Unterlassung und bekam recht. So schnell wird aus einem »kohlendioxidfreien Kohlekraftwerk« nur noch ein »kohlendioxidarmes Kohlekraftwerk«.

Wollte man alles anfallende Kohlendioxid in Deutschland langfristig abtrennen und einlagern, dürften schnell die geeigneten Lagerstätten knapp werden. Möglicherweise wäre dann ein Kohlendioxidpipelinenetz bis in entlegene Regionen, beispielsweise zu ehemaligen Erdgaslagerstätten in Sibirien, nötig. Immerhin wäre nicht zu erwarten, dass Kohlendioxid wie Erdgas illegal abgezapft wird. Anders als bei Erdgas ist nämlich jeder froh, wenn er das Kohlendioxid erst einmal los ist.

Starke Zweifel gibt es schließlich an der Wirtschaftlichkeit der Kohlendioxidabtrennung. Durch die Abtrennung von Kohlendioxid nimmt der Wirkungsgrad der Kohlekraftwerke spürbar ab. Das bedeutet, dass deutlich

mehr Kohle eingekauft und verbrannt werden muss, um die gleiche Menge an Strom zu erzeugen. Hinzu kommen die Kosten für die Abtrennungsanlage, den Transport zur Lagerstätte und die Lagerung selbst. Schätzungen gehen davon aus, dass sich die Kosten für Kohlestrom durch die Kohlendioxidabtrennung in etwa verdoppeln werden. Damit die Kosten für die notleidenden Kraftwerksbetreiber nicht unüberschaubar werden, soll der Staat langfristig die Haftung und Kosten übernehmen. Das funktioniert ja schon sehr erfolgreich bei der Atomkraft.

Trotz der staatlichen Schützenhilfe dürfte kohlendioxidarmer Kohlestrom teurer als Strom aus erneuerbaren Kraftwerken wie Windparks bleiben. So interessant die Idee der Kohlendioxidabtrennung auch sein mag, wäre dann doch vielleicht die erste Variante zur Vermeidung von Kohlendioxid sinnvoller – nämlich keine neuen Kohlekraftwerke mehr zu bauen und die alten einfach nach und nach einzumotten. Ist erst einmal ein Kohlekraftwerk vom Netz, dürften auch die Energieversorgungsunternehmen wieder mit einem hundert Prozent kohlendioxidfreien Kohlekraftwerk werben.

CCS

CCS steht für »Carbon Dioxid Capture and Storage«, also Abtrennung und Speicherung von Kohlendioxid. Diese Idee lässt sich praktisch nur in Großanlagen wie Kohlekraftwerken umsetzen.

Eine nachgeschaltete chemische Fabrik isoliert dazu das Kohlendioxid aus den Verbrennungsabgasen. Zur sicheren Endlagerung gibt es zahlreiche Vorschläge. Am praktikabelsten erscheint die Lagerung in Hohlräumen unter der Erde. Durch die Kohlendioxidabtrennung- und Lagerung würde sich der Preis für Strom aus Kohlekraftwerken in etwa verdoppeln und wäre damit teurer als heutiger Strom aus Windkraftanlagen.

Wie schützt man denn nun ein Klima?

Die Klimakatastrophe war gestern, prima Klima gilt heute. Nach aktuellen Umfragen sind viele von uns bereit, einen Beitrag zum Klimaschutz zu leisten. Doch Kernenergie und saubere Kohle können das Klima nicht retten. Aber wie schützt man denn das Klima am besten, und ist es überhaupt möglich, den Ausstoß von Treibhausgasen ganz zu vermeiden?

Den mit Abstand größten Schaden für das Klima richtet Kohlendioxid an. Es entsteht vor allem, wenn wir fossile Energieträger wie Erdöl, Erdgas und Kohle verbrennen. Der beste Klimaschutz wäre also, auf deren Verbrennung zu verzichten. Einige Vertreter aus Politik und Energiewirtschaft sind allerdings fest davon überzeugt, wir könnten ohne Erdöl, Erdgas und Kohle kaum existieren.

Bis vor 300 Jahren kam die Menschheit allerdings noch recht gut ohne Kohle, Erdöl und Erdgas aus. Die Ägypter bauten die Pyramiden und die Römer eroberten die Welt ganz ohne fossile Brennstoffe. Damals stammte die Energie der Menschheit aus historischen Wind- und Wassermühlen, Brennholz und Muskelkraft. Muskelkraft klingt aber anstrengend. Und in der Tat, heute geht es uns viel besser als früher. Wir müssen weder uns noch irgendwelche Pferde quälen, um voranzukommen. Das übernimmt ein erdölbetriebener Automotor. Damit unsere Muskeln allerdings nicht ganz einrosten und neue Wohlstandskrankheiten uns das Leben vermiesen, hechten wir nun nach dem Autofahren ins Fitnessstudio oder zum eigenen Hometrainer und fahren mit einem Trimmrad auf der Stelle anstatt mit einem Citybike auf der Straße. Ganz klar, fossile Energien sind heute ein wichtiger Bestandteil unserer modernen Lebensweise.

Und das ist auch gut so, werden nun Kritiker meinen. Wer möchte schon wieder in Zeiten zurück, in denen tausende von Sklaven Pyramiden aus Stein meißeln mussten und dabei reihenweise elend zu Grunde gingen? Heute schicken wir daher lieber hunderttausende von Bergarbeitern in den Untergrund, um mühsam Kohle für unsere Kraftwerke zu Tage zu fördern. Allein in China sollen dabei in den letzten 20 Jahren über 60 000 Menschen ums Leben gekommen sein. Die Sklaven beim Pyramidenbau konnten bei ihrer Arbeit wenigstens noch die Sonne sehen.

Doch selbst vor gut hundert Jahren hatten fossile Energien noch keine Dominanz in unserer Energieversorgung. Bekanntermaßen waren die Deutschen schon immer besonders penibel. So belegt eine Gewerbestatistik des Deutschen Reichs aus dem Jahr 1895, dass hierzulande genau 18 632 Windmotoren, exakt 54 529 Wassermotoren, präzise 58 530 Dampfmaschinen und ganz akkurat 21 350 Verbrennungskraftmaschinen im Einsatz waren. Kaum vorzustellen: Die Hälfte aller Antriebsaggregate lief also selbst damals noch mit Wind und Wasser und ohne die vermeintlich so unverzichtbaren fossilen Energien.

In 300 Jahren werden fossile Energien auch keinerlei Rolle mehr spielen. Spätestens dann werden wir alle erdenklichen Vorkommen verheizt und damit das Urzeitklima wieder hergestellt haben. Auch die letzten Uranvorkommen sind bis dahin erschöpft. Wollen wir uns nicht zu Steinzeitmenschen zurückentwickeln, müssen wir früher oder später sowieso unseren gesamten Energiehunger ohne Kohle, Erdöl oder Erdgas decken. Erreichen ließe sich eine Energieversorgung ganz ohne fossile Energien aber auch schon innerhalb unseres Jahrhunderts. Wie das gehen kann, wissen wir bereits. Es ist eigentlich ganz einfach: konsequent Energiesparen und den Rest durch erneuerbare Energien decken.

»So ein Quatsch, so schnell kann man eine Energieversorgung gar nicht umbauen«, mögen nun einige denken. Warum denn eigentlich nicht? Wenn jemand beim Fall der deutschen Mauer prophezeit hätte, dass heute alle Computer weltweit vernetzt sein würden, wir Bankgeschäfte und Einkäufe bequem am Laptop zu Hause erledigen könnten und man von überall mobil telefonieren

und angerufen werden könnte, hätte man ihm sicher verständnislos einen Vogel gezeigt. Das Internet wurde nämlich erst im Jahr 1989 erfunden. Heute sind das weltweite Netz und das Handy aus unserer Welt kaum mehr wegzudenken. Gut 20 Jahre später verfügten 70 Prozent aller Haushalte in Deutschland über einen Internetanschluss und jeder Haushalt über 1,4 Mobiltelefone. Somit sind inzwischen nicht wenige bereits sogar in der Lage, gerätetechnisch mit sich selbst mobil zu telefonieren. Warum sollen wir das, was wir in der Informationstechnologie in 20 Jahren erreicht haben, eigentlich nicht auch bei der klimaverträglichen Energieversorgung schaffen können? Möglicherweise muss man jedes Solarmodul und jedes Windrad nur mit einem Internetanschluss und einem Handyvertrag ausstatten. Dann wäre das Klima schon längst gerettet. Immerhin sehen schon einige Internetunternehmen wie Google die große Zukunft in der Solarenergie und sind inzwischen selbst ins Solargeschäft eingestiegen. Das lässt doch hoffen.

Bleibt die Frage, ob wir heute überhaupt noch genügend Energie aus regenerativen Kraftwerken gewinnen können, um unseren ständig steigenden Energiehunger zu stillen. Die Frage lässt sich klar beantworten: Würden wir auf rund einem Prozent der Fläche der Sahara Solarkraftwerke errichten, könnten wir damit den Strombedarf der gesamten Erde decken. »Klar«, könnte man nun entgegnen, »in der Sahara klappt das, aber bei uns ist das sicher viel schwieriger«. Das ist richtig, Stein- oder Sandwüsten gibt es bei uns nicht, dafür aber gigantische Betonwüsten. Würde man in Deutschland die gleiche Fläche an Solaranlagen errichten wie wir bereits mit Verkehrs- und Siedlungsflächen zugebaut haben, könnten wir damit locker uns selbst und einige Nachbarländer auch noch gleich mitversorgen. Das Schöne an Solaranlagen ist, dass wir nicht noch einmal die gleiche Landfläche zupflastern müssen. Wir können sie problemlos einfach auf unsere Dächer bauen. Zusätzlich beginnen wir gerade, große Windparks in der Nord- und Ostsee zu errichten. Hier haben wir so viel Platz, dass wir rein theoretisch auch unseren gesamten Strom durch Windenergie decken könnten. Bevor wir aber eine regenerative Energieversorgung in großem Stil aufbauen, sollten wir erst einmal alle möglichen Einsparmaßnahmen umsetzen. Das erleichtert und beschleunigt den Umbau unserer Energieversorgung.

Wenn wir in dreißig oder vierzig Jahren eine Energieversorgung ganz ohne Kohle- und Atomkraft aufbauen  würden, wäre das ein entscheidender Erfolg für den Klimaschutz. Auch für unsere Wirtschaft wäre es von zentraler Bedeutung. China gehört heute neben Deutschland zu den Ländern mit den größten Exporten an regenerativen Energietechnologien. Der weltweite Markt dafür ist gigantisch. Zögern wir weiter mit dem Umbau unserer Energieversorgung, könnten wir nicht nur ökologisch, sondern auch ökonomisch den Anschluss verlieren.

Neben dem Kohlendioxid setzen dem Klima noch andere Treibhausgase zu, die aus der Landwirtschaft, Brandrodung oder aus Kältemitteln stammen. Eine wirksame Klimaschutzpolitik darf daher auch diese Punkte nicht aus dem Auge verlieren. Prinzipiell wäre es aber möglich, die Klimaproblematik noch in den Griff zu bekommen. Wir wissen nämlich recht gut, wie das zu erreichen wäre. Nur beim Umsetzen unseres Wissens hapert es erheblich.

Manchmal ist möglicherweise auch ein wenig Zwang dabei von Vorteil, wie ein Gespräch neulich in der U-Bahn zeigt: »Hallo, altes Haus. Ist doch toll mit den öffentlichen Verkehrsmitteln, was? Hier trifft man alte Freunde und das schont auch noch so richtig das Klima.«

»Ja, stimmt genau. Und wann bekommst du deinen Führerschein wieder?«

Regenerative Energien

Regenerative Energien oder erneuerbare Energien sind nicht wirklich neu. Es gibt sie bereits seit Milliarden von Jahren und sie werden uns auch in den nächsten Milliarden Jahren nicht ausgehen.

Für unsere Maßstäbe erneuern sie sich also stets von selbst. Zu den erneuerbaren Energien zählt man die Sonnenenergie, Wind- und Wasserkraft, Erdwärme, Meeresenergie und Biomasse. Regenerative Energienanlagen könnten bereits in wenigen Jahrzehnten unseren gesamten Energiebedarf decken und damit einen wesentlichen Beitrag zum Klimaschutz leisten.

www.unendlich-viel-energie.de
www.klima-sucht-schutz.de

Sparen wir uns doch einfach sauber

Die umweltfreundlichste Energie ist die, die wir gar nicht erst verbrauchen. Energiesparen ist also Trumpf. Wirklich attraktiv ist Sparen allerdings nicht. Zwangsverordnete Energiesparlampen und Tempo hundert auf der Autobahn sorgen nicht gerade für Begeisterungsstürme in der Bevölkerung. Dabei gibt es viele Möglichkeiten, Energie sinnvoll einzusparen. Leider werden viele Maßnahmen bereits im Ansatz vereitelt.

»Schau mal Schatz, ich habe dir was mitgebracht. Einen schönen Wollpullover, ein paar warme Socken und modische Handschuhe.« »Das ist aber süß von dir. Da hast du dich aber ganz schön in Unkosten gestürzt.« »Nein, eigentlich nicht wirklich. Ab morgen drehe ich die Heizung um fünf Grad runter. Das spart dreißig Prozent Heizkosten und schont die Umwelt. Da ist der Pulli schon in zwei Wochen wieder drin.« Wer versucht, die Idee nachzuahmen, sollte allerdings aufpassen: Was gut für den Geldbeutel und das Weltklima ist, muss nicht immer optimal für das Beziehungsklima sein. Frauen frieren nämlich bekanntermaßen leichter. Sie haben dünnere Haut und weniger wärmeerzeugende Muskeln als Männer. Durch die heutigen Schönheitsideale ist zudem eine isolierende Fettschicht mehr als unerwünscht. Wer der Umwelt zuliebe frostige Temperaturen anstrebt, könnte in diesem Punkt aber immerhin mit einer Großfamilienpackung Schokolade für die Liebste ein wenig Abhilfe schaffen – mit Bio-Schokolade natürlich, das versteht sich an dieser Stelle im Buch inzwischen ja schon von selbst.

Es gibt aber auch wirksame Methoden, Heizkosten zu senken, ohne gleich das zwischenmenschliche Klima auf den Gefrierpunkt zu bringen. Wer eine Wohnung oder ein Haus sein Eigen nennt, kann durch optimale Wärmedämmung bis zu neunzig Prozent der Heizkosten einsparen. Viele alte Häuser sind extrem schlecht gedämmt, und auch die meisten Neubauten bleiben weit hinter den technischen Möglichkeiten zurück. Das ist so, als würden wir in Sandalen, Shorts und dünnem Hemdchen im tiefsten Winter auf der Gartenterrasse unseres Lieblings-  cafés sitzen. Damit wir nicht frieren, könnte die Bedienung ja drei oder vier Heizpilze aufstellen. Beim Bezahlen wundern wir uns dann, warum die Getränke so teuer sind. Aber Heizpilze laufen schließlich nicht umsonst. Was uns bei der Bekleidung absurd erscheint, ist im Gebäudebereich gang und gäbe. Isoliertechnisch bieten viele Häuser bestenfalls Sommerkleidung, einige stehen sogar fast nackig da. Ständig steigende Heizkosten sind da eigentlich kein Wunder.

Die Lösung ist simpel: Wir müssen unseren Häusern einfach nur Winterkleidung verpassen. Ein paar Zentimeter dickere Wärmedämmung auf den Wänden und am Dach bewirken oft schon wahre Wunder. Ein großer Teil der Wärme entschwindet aber durch die Fenster. Moderne Dreifachverglasungen können auch das weitgehend verhindern. Doch was nützt das dichteste Fenster, wenn wir es dreimal am Tag zum Lüften aufreißen müssen? Die Fenster einfach zulassen, das wäre eine Möglichkeit. »Schatz, findet du nicht, dass es hier drinnen ein wenig muffig riecht?« »Nein, das muss so sein, wir sparen ja jetzt schließlich Energie.« Für den Klimaschutz muss man sein Heim allerdings nicht in eine miefige Tropfsteinhöhle verwandeln. Auch hier versprechen inzwischen ausgereifte Lösungen Abhilfe. Eine kontrollierte Be- und Entlüftungsanlage saugt verbrauchte Luft aus Bädern und Küche ab und transportiert sie zu einem Wärmetauscher. Dort wärmt die warme miefende Luft die kalte frische Außenluft vor, die dann in die Wohnräume verteilt wird. Dadurch bleibt der überwiegende Anteil der Wärme drinnen und wird nicht nutzlos in die Umgebung gepustet.

Diese Art der »Zwangsbelüftung« stößt bei vielen allerdings auf Skepsis – zu Unrecht, wie ich aus eigener Erfahrung berichten kann. Wir haben seit vielen Jahren eine derartige Anlage. »Könnt ihr denn überhaupt noch die Fenster öffnen?«, werde ich oft gefragt. »Können wir schon, brauchen wir aber nicht.« »Das wäre nichts für  mich. Da geht euch ja der ganze Kontakt zur Natur verloren.« In vielen Punkten bin ich aber recht froh, nicht mehr den vollen Kontakt zur Natur zu haben. Im Sommer ist der nämlich durch die vielen Stechmücken mehr als lästig und als Allergiker weiß man schnell den Pollenfilter in der Lüftungsanlage zu schätzen. Feuchte Wände, Schimmel oder beschlagene Fenster gehören dank kontrollierter Dauerbelüftung ebenfalls der Vergangenheit an. Am angenehmsten ist der reduzierte

Außenkontakt aber auf der Toilette zu spüren. Wenn dort in herkömmlichen Häusern größere Geschäfte verrichtet werden, können nur noch offene Fenster die Geruchsbelästigung reduzieren. Der nächste Toilettennutzer hat dann zwar frische Luft, friert aber im Winter mit dem Hintern an der Klobrille fest. Bei uns verschwindet der Geruch dank Lüftungsanlage in kürzester Zeit von selbst und es bleibt trotzdem angenehm warm – meistens zumindest. Nicht selten reißen nämlich unsere Gäste nach alter Gewohnheit trotzdem die Fenster auf. Dummerweise lassen die sich nämlich wirklich immer noch öffnen.

»Rechnet sich denn der ganze Spaß?«, werde ich oft gefragt. »Das Haus war schon um einiges teurer«, muss ich dann ehrlicherweise zugeben. Die Mehrkosten für Dämmung, Lüftung und alternative Heizungsanlage liegen bei dem Wert einer Garage. Manche gönnen halt ihrem Auto was Gutes und bauen sich lieber selbst ein schlechteres Haus. Wir haben dagegen nur an unser eigenes Wohl gedacht. Unser Auto muss mit einem schlichten Carport auskommen. »Aber dafür haben wir jetzt weniger als 400 Euro Heizkosten für ein großes Haus«, gebe ich schließlich mit einem gewissen Stolz zu bedenken. »Das ist aber viel! Wir zahlen nur 200 Euro pro Monat.« »Nun ja«, lächle ich dann milde. »Die 400 Euro brauchen wir ja auch im Jahr und nicht im Monat. Und weil unser bisschen Heizwärme auch noch von unserer Solar- oder Holzpelletsanlage kommt, heizen wir sogar noch absolut kohlendioxidfrei.«

»Und was ist mit denen, die nicht einmal das Geld für einen Carport haben?« Die Frage ist durchaus berechtigt.

Nicht einmal die Hälfte der Wohnungen in Deutschland gehört den Menschen, die darin wohnen. Wer in einer Mietwohnung weilt, dem bleibt oft nichts anderes übrig, als auf der Toilette zu frieren. Da die Neben- und Heizkosten komplett auf die Mieter umgewälzt werden dürfen, ist die Motivation der Vermieter zu Energiesparmaßnahmen meist nicht exorbitant hoch. Wenn Überzeugungsversuche nicht auf fruchtbaren Boden stoßen, bleibt den Mietern nur die Abstimmung mit den Füßen, um hier einen gewissen Druck zu entwickeln.

Man muss aber nicht gleich alle Fenster rausreißen und kräftig Geld investieren, um fleißig einzusparen. Auch viele kleine Maßnahmen sparen Kohlendioxid und oft auch bares Geld. Viele alte Elektrogeräte sind reinste Stromfresser. Besonders Kühl- und Gefrierschränke schlagen nicht selten mit hohen Werten zu Buche. Mit

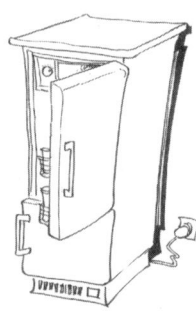

Energieverbrauchsmessgeräten, die man bei einigen Energieversorgern ausleihen oder im Baumarkt kaufen kann, lassen sich extrem durstige Geräte ausfindig machen. Manchmal hat auch jemand im Bekanntenkreis so ein Messgerät und hilft vielleicht sogar mit kompetentem Rat weiter: »Euer Kühlschrank frisst aber enorm viel. Wenn ihr euch den sparsamsten neuen kauft, zahlt ihr weit über hundert Euro weniger für Strom im Jahr.« Diese Erkenntnis lässt sich dann in kurzer Zeit in praktische Maßnahmen umsetzen. »Dein Vorschlag von neulich war echt klasse. Wir haben uns einen supersparsamen neuen Kühlschrank geleistet. Mein Freund ist auch begeistert. Das alte Gerät läuft nun im

Keller. Da kann er jetzt endlich ständig sein ganzes Bier kalt stellen. Und mit dem eingesparten Geld finanzieren wir unseren nächsten Wochenendtrip.«

Jede Menge Energie wird auch durch Standby-Verluste sinnlos verschleudert. Viele Elektrogeräte ziehen auch im ausgeschalteten Zustand mächtig Strom. Wenn ein Gerät nur zwei Watt dauerhaft ohne sichtbaren Nutzen benötigt, steigt die Stromrechnung immerhin schon um vier Euro im Jahr. Bei einem Dutzend Geräten läppert sich das zu beachtlichen Beträgen zusammen. Ältere Geräte sind dabei meist noch deutlich hungriger. Dabei könnte man das Stand-by-Problem eigentlich ganz entspannt lösen: Man müsste einfach nur einmal richtig abschalten. Wenn das die Geräte nicht von selbst können, hilft eine einfache schaltbare Steckerleiste. Die spart nicht nur Strom, sondern auch bares Geld.

Dies sind nur einige Beispiele, wie wir recht einfach Energie einsparen und Treibhausgase vermeiden können. Gut die Hälfte unseres Energiehungers ist eigentlich vollkommen unnötig. Dies wird glücklicherweise von immer mehr Menschen erkannt. Auch viele Unternehmen wollen inzwischen Zeichen setzen. Ein Beispiel hat mir kürzlich ein Freund erzählt, der im Außendienst tätig ist. Seine Firma hat die Mitarbeiter aufgefordert, mit den Dienstwagen möglichst wenig Kohlendioxid pro Kilometer Autofahrt zu verursachen und einen Preis für das beste Einsparergebnis ausgelobt. »Ich fahre doch nur Stadtverkehr. Da sind die Werte von Natur aus schlecht. So habe ich eigentlich gar keine Chance«, beschwerte er sich neulich. »Jetzt fahre ich aber meistens nur noch Stadtautobahn. Das ist zwar doppelt so weit und ich muss viel öfter tan-

ken. Der Durchschnittsverbrauch und die Kohlendioxidemissionen pro Kilometer sind aber schon deutlich gesunken.«

Energiesparen

Energie, die nicht verbraucht wird, kostet
kein Geld, erzeugt keine Abgase und trägt
auch nicht zum Treibhauseffekt bei. Die
weltweiten Einsparpotenziale sind enorm.
Mehr als die Hälfte der Energie ließe sich
einsparen, ohne Einschränkungen hinneh-
men zu müssen. Neben dem Einsatz von effizienten Geräten
und guter Wärmedämmung lassen sich vor allem durch den
intelligenten Einsatz von Energie Einsparungen erzielen. Ein
Beispiel dafür ist das Beheizen oder Beleuchten leerer Räume.

www.spargeraete.de
www.energiesparhaus.at
www.co2online.de/kampagnen-und-
projekte/projekte/energiespar-ratgeber

Sparen wir uns doch einfach sauber

Am Licht gespart und doch nicht dunkel

Die Energiesparlampe ist eines der leuchtendsten Symbole für Energieeffizienz und Klimaschutz. Richtig ins Herz geschlossen haben die klobigen Lichtkolben aber nur wenige. Dabei hat sich die Lampentechnik in den letzten Jahren erstaunlich entwickelt. Energiesparlampen lassen sich inzwischen für fast alle Zwecke nutzen. Sie haben aber auch den Ruf, kaltes Licht abzugeben und sogar krank zu machen. Dank neuer EU-Richtlinien kommt aber künftig keiner mehr an ihnen vorbei.

Einst galt sie als das Symbol für eine moderne und technikorientierte Gesellschaft: die Glühlampe. Elektrisches Licht war in der Anfangszeit nur den wohlhabenden Bevölkerungsschichten vorbehalten. Im Jahr 1879 präsentierte das Erfindergenie Thomas Alva Edison erstmals die revolutionäre Kohlefadenlampe. Das Prinzip ist bis heute gleich, nur dass Wolfram statt Kohle verwendet wird. Die Physik einer Glühlampe ist recht simpel: Sie ist ein einfacher Temperaturstrahler. Der lässt sich wiederum sehr praktisch erläutern.

Für das tiefere Verständnis begebe man sich gedanklich in eine alte Schmiede und nehme ein Stück Eisen. Dann greife man sich einen schweren Schmiedehammer und bearbeite kräftig das Eisenstück. Zuerst wird es sich erwärmen und nach und nach anfangen zu glühen. Je länger und fester man auf das Eisenstück eindrischt, desto heller glüht es, bis man es schließlich hochhalten und den Raum erhellen kann. Mit bloßen Händen sollte man das

Eisen dann lieber nicht anfassen, schließlich ist es jetzt ein Temperaturstrahler. Sonderlich effektiv ist diese Art der Beleuchtung nicht. Zum Glück können wir heute auch anders für Helligkeit sorgen. Der Wunsch: »Schatz, kannst du bitte mal kurz das Licht anmachen?« könnte sonst für ernsthafte Beziehungskrisen sorgen.

Das Prinzip der Glühlampe funktioniert ähnlich. Statt eines Schmiedehammers schlagen nun Elektronen aus dem Stromnetz auf ein Metallstück ein, bis es glüht. Das ist für uns bequemer als die Methode mit dem Hammer. Damit es nicht eine Ewigkeit dauert, bis das Metall anfängt zu glühen, befindet sich in der Lampe nur ein sehr dünner Draht. Das Kunststück bei der Herstellung von Glühlampen ist, den Draht in einen mit Schutzgas gefüllten Glaskolben so einzubauen, dass er nicht sofort durchbrennt. Das macht der Draht dann zwar trotzdem irgendwann, meist aber erst nach gut tausend Stunden. Eine Glühlampe ist also tatsächlich ein Temperaturstrahler. Eine bereits länger brennende 200-Watt-Glühbirne sollte man daher ähnlich vorsichtig anfassen wie unser Stück Schmiedeeisen. Die Lichtausbeute ist ähnlich ineffektiv wie bei der Methode mit dem Schmiedehammer, nur dass wir selbst nicht schweißtreibend für Licht sorgen müssen. Eine Glühlampe wandelt nicht einmal fünf Prozent der elektrischen Energie in sichtbares Licht um. Aus dem Rest entsteht Wärme. Eine Glühlampe ist also eigentlich eher eine elektrische Heizung, die auch etwas Licht abgibt. Im Winter mag diese Heizwärme zwar teuer sein, aber sie entwickelt doch noch einen gewissen Nutzen. In heißen Sommern hingegen ist die zusätzliche Abwärme mehr als lästig. In warmen Ländern oder kompakten

Bürogebäuden dient ein guter Teil der Energie von Klimaanlagen dazu, dass die Abwärme der Beleuchtung die Raumtemperatur nicht noch mehr steigert.

Unsere Sonne ist übrigens ebenfalls ein Temperaturstrahler. Im Gegensatz zur Glühlampe strahlt sie gut vierzig Prozent ihrer Energie als sichtbares Licht ab. Dafür, dass die eigentliche Aufgabe der Sonne nicht das Ausleuchten der Erde ist, ist das gar nicht so schlecht. In Wahrheit stehen aber nicht wir im Mittelpunkt unseres Planetensystems, sondern die Sonne. Sie definiert, was wir als sichtbares Licht verstehen.  Durch die Evolution hat sich unser Auge an das Sonnenlicht angepasst. Hätten wir eine andere Sonne, würden wir auch anders sehen. Bei künstlichem Licht kommt es nun darauf an, unserem Auge eine Sonne im Miniaturmaßstab vorzutäuschen.

Dabei gibt es jedoch einige Probleme: Die Oberfläche der Sonne ist beispielweise mit über 5000 Grad Celsius recht heiß. Ein normaler Glühbirnendraht würde diese Temperaturen nicht aushalten. Man erwärmt diese darum nur auf gut 2000 Grad. Je niedriger die Temperatur ist, desto weniger sichtbares Licht gibt sie allerding ab. Außerdem entsteht dabei auch mehr gelblich-rötliches Licht, was wir dann liebevoll »warmes« Licht nennen. Mit dem Licht von Glühlampen geistern wir daher immer bei Abendrot durch unsere ausgeleuchteten Räume. Für romantische Stunden ist das optimal. Andererseits ist es aber kein Wunder, dass wir frühmorgens im Winter beim abendrötlichen warmen Licht der Glühlampe nur schwer aus dem Bett kommen.

Die geringe Effizienz der Glühlampe entwickelt sich aber nun seit Jahren zunehmend zum Problem für unseren Geldbeutel und den Klimaschutz. Wenn wir fünf Euro für den Strom des Glühlampenlichts zu Hause pro Jahr ausgeben, müssen wir noch einmal über 95 Euro für die ungewollte Lampenabwärme drauflegen. Die deutschen Kraftwerke pusten dabei zur Erzeugung des Lampenstroms knapp 300 Kilogramm Kohlendioxid in die Atmosphäre. Kein Wunder, dass effizientere Alternativen hoch im Kurs stehen.

Halogenlampen gelten als sparsam. Sie sind aber vom Prinzip her auch normale Glühlampen. Wie der Name es schon ausdrückt, wird der Lampengasfüllung ein Halogen wie Brom oder Iod zugegeben. In Kombination mit der kompakten Bauform der Halogenlampe erhöht sich so die Lampenlebensdauer. Der Glühdraht hält dadurch auch höhere Temperaturen aus. Damit steigt die Lichtausbeute. Mit der gleichen Menge an elektrischer Energie erzeugt eine Halogenlampe zwischen zwanzig und sechzig Prozent mehr Licht als eine gewöhnliche Glühlampe. Ein Wirkungsgradmonster ist die Halogenlampe aber auch nicht.

Wirklich sparen kann man nur mit Leuchtstoffröhren und LED-Lampen. »Tut uns leid, Mister Edison!« Mit diesem Spruch sagte die Werbeindustrie der Glühlampe bereits im Jahr 1985 den Kampf an. Eine deutsche Lampenfirma brachte damit ihre damals topmoderne Kompaktleuchtstoffröhre mit integriertem Vorschaltgerät auf den Markt. Die ersten kompakten Leuchtstofflampen wurden bereits im Jahr 1980 verkauft. Das Zeitalter der Energiesparlampen war angebrochen. Besonders kompakt waren die ersten Kompaktleuchtstoffröhren jedoch nicht, sondern eher klobig, schwer und teuer. Kein Wunder, dass der durchschlagende Erfolg zunächst ausblieb.

Dabei ist die Idee der Leuchtstofflampe gar nicht so neu. Mit der nach ihm benannten Geißlerschen Röhre erfand Heinrich Geißler bereits im Jahr 1857 den Vorläufer der Leuchtstofflampe und damit sozusagen die Urgroßmutter der modernen Energiesparlampe. Bei Leuchtstofflampen bestreicht man, wie der Name schon sagt, die Innenseite eines Glasrohrs mit einem Leuchtstoff. Dann bringt eine elektrische Spannung eine Gasfüllung aus Quecksilber zum Strahlen. Die ausgesendete ultraviolette Strahlung regt schließlich den Leuchtstoff an. Je nach chemischer Zusammensetzung leuchtet dieser in der gewünschten Farbe. Weißes Licht setzt man aus verschiedenen Farben zusammen und benutzt dazu eine bestimmte Leuchtstoffmischung. Anfangs wirkte das Licht von Leuchtstofflampen meist bläulich und kühl. Moderne Leuchtstoffmischungen sind aber auch in der Lage, wärmeres Licht abzugeben. Mit der Energiesparlampe richtig warm werden konnten trotzdem noch nicht alle.

Den Gegnern der Energiesparlampe hilft künftig jedoch alles Heulen und Zähneklappern nichts. In der EU wird die Glühlampe in wenigen Jahren aus Klimaschutzgründen ganz abgeschafft. Mit dem drohenden Ende der Glühlampe liefern einige vehemente Gegner der Energiesparlampe letzte Gefechte, zum Teil mit abstrusen Argumenten. Eine Verbraucherzeitschrift ließ kurz vor der EU-Entscheidung gegen die Glühlampe kein einziges gutes Haar an der Energiesparlampe. Nicht einmal Kohlendioxid könne sie vermeiden, da Einsparungen durch den Emissionshandel einen Freibrief für den Ausstoß an anderer Stelle wären. Mit dem Argument braucht man dann aber eigentlich überhaupt keinen Klimaschutz mehr zu betreiben. Doch das ist ein anderes Thema. Zu dem kommen wir später.

Sachlich betrachtet haben Energiesparlampen durchaus unbestreitbare Nachteile, die je nach Hersteller mehr oder weniger stark ausgeprägt sind. Einige Energiesparlampen brauchen eine gewisse Zeit, bis sie richtig in Gang kommen. Immerhin, morgens beim Aufstehen ist diese Eigenschaft sogar recht nützlich. Das Licht reißt einen nicht jäh aus dem Bett, sondern erlaubt ein langsames Begrüßen des neuen Tages, genau wie mit der gemächlich aufgehenden Morgensonne. Andere Exemplare brummen, flackern oder geben nach kurzer Zeit bereits den Geist auf. Eigentlich sollten die kompakten Röhren aber deutlich länger halten als die in Ungnade gefallenen Glühlampen. Einige Energiesparexemplare sind schließlich durchaus praxistauglich und leisten das, was man von einer Lampe erwartet. Fakt ist, bei Energiesparlampen gibt es große Qualitäts- und Preisunterschiede. Die gibt es zwar auch bei Glühlampen, aber schlechte Glühlampen brennen zumindest ähnlich gut wie Spitzenexemplare. Sie gehen vielleicht ein wenig früher kaputt. Das ist für einen Wegwerfartikel im Centbereich aber weniger dramatisch. Bleibt zu hoffen, dass fabrikneuer

Schrott bei den Energiesparlampen bald aus den Regalen verschwindet.

Ein weiterer Kritikpunkt an den Energiesparlampen ist das enthaltene Quecksilber. Klarer Fall: Kaputte Energiesparlampen gehören in den Sondermüll. Dort wird das Quecksilber recycelt. Gute Energiesparlampen halten aber ziemlich lange. Gehen sie dann in einigen Jahren kaputt, wissen manche Käufer nicht mehr, dass eine durchgestrichene Mülltonne auf die Verpackung gemalt war. Und selbst wenn: Wohin sollen sie denn mit der Lampe, wenn sie nicht in den Müll darf? Ins Klo, in Nachbars Garten oder vielleicht gar in die Biotonne? Nicht einmal die Hälfte der privat gekauften Energiesparlampen findet bislang den Weg zurück zur Wiederverwertung. Ein Pfandsystem wäre da sicher eine Lösung. Nach den Wellen, die das Dosenpfand in Deutschland geschlagen 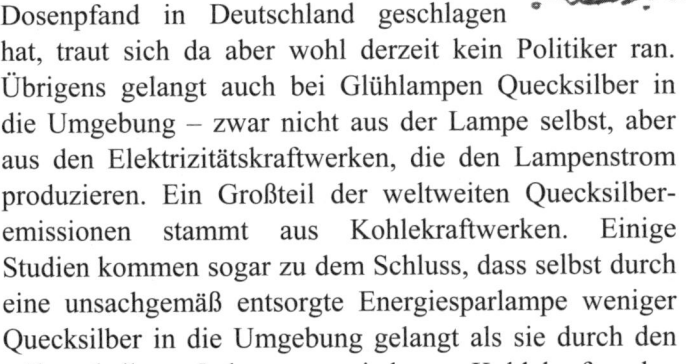 hat, traut sich da aber wohl derzeit kein Politiker ran. Übrigens gelangt auch bei Glühlampen Quecksilber in die Umgebung – zwar nicht aus der Lampe selbst, aber aus den Elektrizitätskraftwerken, die den Lampenstrom produzieren. Ein Großteil der weltweiten Quecksilberemissionen stammt aus Kohlekraftwerken. Einige Studien kommen sogar zu dem Schluss, dass selbst durch eine unsachgemäß entsorgte Energiesparlampe weniger Quecksilber in die Umgebung gelangt als sie durch den während ihres Lebens vermiedenen Kohlekraftwerksstrom einspart.

Auch Elektrosmog oder krankmachende, wenig sonnenähnliche Lichtzusammensetzung werden der Energiesparlampe vorgeworfen. Eine Verbraucherzeitschrift kritisierte, dass die Strahlung in dreißig Zentimeter Abstand der Lampe größer ist als bei Bildschirmen. So ganz praxisnah ist die Kritik aber nicht. Wer setzt sich schon in dreißig Zentimeter Entfernung vor eine Energiesparlampe und glotzt hinein? Bei uns zumindest hängen die Lampen meist an der Decke. Wenn ich auf dreißig Zentimeter Abstand kommen wollte, müsste ich andauernd Luftsprünge vollziehen. In einem Meter Abstand, so die Zeitschrift, sei der Elektrosmog wieder akzeptabel. Wer wirklich Angst vor Elektrosmog hat, kann zumindest bei Nachttischleuchten auf Halogenlampen oder besser LED-Lampen ausweichen.

Neue LED-Lampen bieten uns eine immer bessere Erleuchtung. LED steht für »Light Emitting Diode«, was mit »Leuchtdiode« übersetzt wird. Kleine grüne, rote oder auch blaue Leuchtdioden sind uns von den diversen elektronischen Geräten zu Hause seit langem vertraut. Den Entwicklern gelingt es aber zunehmend, die Lichtausbeute der Leuchtdioden zu steigern und durch den Einsatz von Leuchtstoffen auch weißes Licht zu erzeugen. Leuchtdioden haben eine extrem hohe Lebensdauer und sind im Gegensatz zu Leuchtstoffröhren sofort hell. Daher sollten innovative LED-Lampen auch Leuchtstoffröhrenskeptiker überzeugen können. Momentan sind leistungsstarke LED-Lampen allerdings noch recht teuer. Die Preise purzeln aber ständig. Viele sehen daher in den LED-Lampen die Zukunft.

Genau wie bei Leuchtstoffröhren ist das Licht bei Leuchtdioden aus ein paar wenigen speziellen Farben zusammengesetzt, die gemeinsam weiß erscheinen. Das

Sonnenlicht enthält dagegen nahezu alle erdenklichen Farben. Kritiker meinen, das unnatürliche Licht würde den menschlichen Körper irritieren und könnte sogar krank machen. Inwieweit das ständige Abendrot von Glühlampen auf Dauer gesund ist, ist allerdings auch noch nicht untersucht. Noch problematischer müsste dann das unnatürliche Licht der Fernseher und Computermonitore sein. Es soll ja sogar Zeitgenossen geben, die romantische Stunden bei einer DVD mit einem Kaminfeuervideo genießen. Das Natürlichste und Gesündeste wäre vermutlich, bei Dunkelheit einfach das Licht auszumachen. Noch besser wäre es, durch sinnvolle Architektur tagsüber in alle Gebäuden und Räume echtes Sonnenlicht hineinzulassen. Heute sitzen wir auch bei strahlendem Sonnenschein oft in künstlich beleuchteten Räumen und diskutieren dann, ob das Licht der Energiesparlampe ungesund ist. Doch ein Argument müsste selbst die hartgesottensten Skeptiker von Energiesparlampen überzeugen: Wer keine große Leuchte ist, spart zumindest Strom.

Lichtausbeute

Die Lichtausbeute von Lampen wird im Fachjargon mit lm/W (Lumen/Watt) angegeben. Herkömmliche Glühlampen kommen auf 5 bis 15, Halogenlampen auf 10 bis 25, Leuchtstoffröhren auf 45 bis 75 und LED-Lampen auf 40 bis 100 lm/W. Eine Kerze erreicht hingegen gerade einmal 0,1 lm/W.

Glühlampen benötigen also mindestens die dreifache Menge an elektrischer Energie wie Energiespar- oder LED-Lampen, um einen Raum gleich hell zu bekommen. Durch die Einführung der in der neuen EU Verordnung vorgeschriebenen effizienteren Lampen soll in etwa so viel Strom eingespart werden, wie Rumänien insgesamt verbraucht.

 www.umweltbundesamt.de/energie/licht

Am Licht gespart und doch nicht dunkel

Verkehrter Verkehr

Klimaschutz hin oder her – beim Auto hört bei uns Deut-
schen bekanntermaßen der Spaß auf. Erst der Kat, dann
der Rußfilter und ständig reden Umweltfanatiker auch
noch von Tempo hundert auf der Autobahn. Mühselig ha-
ben wir mit einer Energiesparlampe ein paar Kilogramm
Kohlendioxid eingespart, und dann pustet unser Ferien-
flieger Tonnen davon in die Atmosphäre. Aber wir kön-
nen leider nichts dagegen tun. Schließlich leben wir in
einem schönen, aber leider kühlen und verregneten Land.

Immer wenn ich eine Kohlendioxidschleuder wie den
Hummer auf der Straße sehe, steigt in mir ein gewisser
Stolz auf. Neulich habe ich es geschafft, beim Wochen-
endausflug mit weniger als sechs Litern Sprit pro hundert
Kilometer auszukommen. »Der da frisst mindestens 20
Liter«, belehre ich dann meine Kinder. »Sieht aber trotzdem cool aus«, wird mein Erziehungsversuch abrupt
beendet. Berühmt geworden ist der Hummer durch den
Golfkrieg. In der Wüste ist so ein Auto vielleicht auch
sinnvoll. Bei uns sind die Möglichkeiten, sich fernab
asphaltierter Wege zu bewegen, relativ begrenzt. Knapp
fünf Prozent der Landfläche von Deutschland sind mit
Verkehrswegen zugepflastert. Würde man zwanzig Hummer aus dem Flugzeug irgendwo über Deutschland zufällig abwerfen, würde statistisch bereits einer von selbst
auf einer Straße landen. Immerhin hat man mit solch einem Gefährt die Möglichkeit, dort hinzukommen, wohin
es kein gewöhnliches Auto schafft. Das ermöglicht dann

aber ganz neue Abenteuer. Man kann zum Beispiel an Stellen liegen bleiben, die nicht einmal ein Abschleppwagen mehr erreichen kann.

Auch ist mir der Zweck von Kuhfängern bei etlichen Geländewagen auf deutschen Straßen nicht ganz einleuchtend. Ab und zu demonstrieren ja die Milchbauern in Berlin. Da gäbe es zumindest theoretisch die Möglichkeit, dass ein Auto mit Kuhfänger auch in der Großstadt auf ein Rind trifft. Einen entscheidenden Vorteil hat der Hummer aber: Er kann auch noch bei einem Wasserstand von 76 Zentimetern auf Straßen fahren. Das könnte sich bei der uns drohenden Klimakatastrophe immerhin einmal als nützlich erweisen. Eigentlich schade, dass der Hummer nicht mehr gebaut werden soll.

Im Vergleich zu den Millionen von Kleinwagen auf deutschen Straßen ist aber die Umweltbelastung der Handvoll Spritfresser vergleichsweise unbedeutend. Selbst die kleinsten Flitzer bringen im Vergleich zu Durchschnittswagen von vor dreißig Jahren beeindruckende Fahrzeuggewichte und PS-Zahlen auf die Straße. Ein Großteil der erzielten Verbrauchseinsparungen der letzten Jahre wurde so wieder aufgefressen.

Hilflos fordern Umweltschützer seit Jahren ein Tempolimit auf der Autobahn. Viele Freunde kann man sich damit aber hierzulande nicht machen. Eine solche Geschwindigkeitsbeschränkung wird in Deutschland genauso emotional diskutiert wie ein Waffenverbot in Amerika. Unser halbautomatisches Großkalibergewehr ist der PS-starke Sportflitzer mit Tempo 270. »Fahrt freiwillig langsam«, fordern uns Verkehrserziehungsmaßnahmen auf.

UMWELTMEISTER!

Freiwillig Tempo hundert hat für uns Deutsche aber den gleichen Charme wie für Texaner, mit einem geladenen Colt auf einen Stapel Blechdosen zu zielen und dann »Peng, peng« zu rufen. Genauso gut könnten wir eine Flasche edlen Wein kaufen und die Hälfte davon in den Ausguss kippen.

Zugegebenermaßen ließe sich das Klima durch ein strenges Tempolimit auch nicht retten. Weit weniger als ein Prozent der Kohlendioxidemissionen in Deutschland ließe sich dadurch einsparen. Ein Tempolimit könnte also bestenfalls kurzfristig einen kleinen symbolischen Beitrag leisten. Für echten Klimaschutz brauchen wir aber eine Lösung mit weit größeren Einsparpotenzialen. Die Motortechnik der heutigen Autos hat einen hohen Stand erreicht. Wirklich weltbewegende Einsparungen ließen sich bei Benzin- und Dieselmotoren nur durch sehr viel leichtere Karossen erzielen, die für geringere Geschwindigkeiten ausgelegt sind. Solche Autos will aber hierzulande keiner.

Autogas- und Erdgasfahrzeuge verbrennen ihren Treibstoff deutlich umweltfreundlicher als ihre Benzin- oder Dieselbrüder. Während der Ausstoß an Schadstoffen wie Kohlenmonoxid, Rußpartikeln oder Feinstaub bei ihnen wesentlich geringer ist, sind die Reduktionen bei den Kohlendioxidemissionen für einen wirksamen Klimaschutz aber auch nicht ausreichend.

Biosprit galt lange als eine Option, da er das böse Erdöl direkt durch klimafreundliche Treibstoffe vom heimischen Acker ersetzen kann. Die Sache hat nur einen Haken: Wir haben in Deutschland gar nicht ausreichend Äcker, um auch nur annähernd genügend Biosprit für alle

Autos zu produzieren. Durch den üblichen Einsatz von Kunstdünger und Pestiziden ist der Anbau von Energiepflanzen auch nur sehr bedingt umwelt- und klimafreundlich.

Daher gelten heute Elektroautos als Hoffnungsträger. Ein Elektromotor erzeugt keine Abgase, und die Batterien lassen sich durch sauberen Strom aus Photovoltaik- oder Windkraftanlagen aufladen. In Umfragen geben viele Kunden an, dass sie nur zu gerne einen Stromflitzer erwerben würden. Das Angebot entsprechender Fahrzeuge ist aber leider mehr als dürftig. Hier rächt sich, dass die großen Automobilkonzerne in den letzten Jahren entscheidende Entwicklungen verpennt haben. Sie haben viele Jahre auf immer größere und PS-stärkere Karossen gesetzt, anstatt leistungsfähige und bezahlbare Batterien zu entwickeln. Immerhin wird momentan mit Hochdruck entwickelt und geforscht, sodass das Elektroauto vielleicht doch bald größere Marktanteile erreicht. Dann dürfen wir allerdings nicht vergessen, auch schnell den Anteil an Wind- und Solaranlagen  auszubauen. Tanken wir die Batterien nämlich mit Strom aus Kohlekraftwerken auf, ist für den Klimaschutz nur wenig gewonnen.

Aber auch wenn in näherer Zukunft eine breite Palette an Elektroautos verfügbar sein wird, gibt es für viele Käufer noch ein entscheidendes Problem: Elektroautos haben keinen Sound. Man stelle sich vor: Wir wollen an der Ampel einen Kavaliersstart hinlegen und die Karre macht fast unhörbar nur: »Surr, surr.« Aber es gibt Hoffnung: Tüftler von Soundsystemen haben inzwischen die Marktlücke erkannt. Professionelle Soundsysteme verleihen auch den stillen Elektroflitzern den richtigen Klang. Demnächst lassen sich vermutlich auch Geräusche verschiedener Modelle direkt aus dem Internet herunterladen. Dann könnte ein Elektromini an der Ampel mit einem kräftigen Ferrarisound durchstarten und den verdutzten Porschefahrer links liegen lassen.

Bereits heute gibt es auch für den kleinen Geldbeutel die Möglichkeit der uneingeschränkten Elektromobilität: der öffentliche Personenverkehr. »Die Bahn kommt«, heißt ein Werbeslogan. Manchmal kommt sie aber auch nicht. Im Jahr 2009 hatte man beispielsweise bei der Berliner S-Bahn vergessen, die Züge korrekt zu warten. Daraufhin legte das Eisenbahnbundesamt kurzerhand einen Großteil der Wagen still. Monatelang konnten die Berliner dann das Leben in vollen Zügen genießen. Böse Zungen behaupten, die Manager wollten einfach auf Kos-

ten der Allgemeinheit sparen. Vielleicht wollten die viel gescholtenen Führungskräfte einfach nur wirksame Klimaschutzmaßnahmen umsetzen. Wenn man die gleiche Menge an Fahrgästen mit der Hälfte an Zügen transportieren kann, spart das enorme Mengen an Energie und Treibhausgasen ein. Fünfzig Prozent Einsparung innerhalb nur eines Tages! Leider haben nur wenige Berliner diese geniale Idee verstanden und sind motzend aufs Auto oder Fahrrad umgestiegen.

Die perfekte Alternative zum Auto ist die Deutsche Bahn übrigens nicht. Der Bahnstrom stammt zum Großteil immer noch auch Kohle- und Atomkraftwerken. In

Norwegen kommt der Strom hingegen vollständig aus regenerativen Wasserkraftwerken. Hier kann man wirklich emissionsfrei fahren. Wer ein sparsames Auto mit vier oder fünf Personen teilt, verursacht in Deutschland weniger Kohlendioxid als bei einer Bahnfahrt. Das Problem ist, dass im Mittel nicht einmal zwei Leute in einem Auto sitzen. Um das zu ändern, hatte man in einigen Städten in den USA eine recht einfache, aber wirkungsvolle Idee. Man richtete sogenannte »High Occupancy Vehicle Lanes« ein, die nur von Autos mit mehreren Insassen befahren werden dürfen. Die Hauptmotivation war dabei nicht etwa der Klimaschutz, sondern man wollte die verstopften Städte entlasten. In einigen Orten, so heißt es, sei daraufhin der Verkauf von Schaufensterpuppen spürbar angestiegen.

Während man beim Auto zumindest mittelfristig auf klimafreundliche Alternativen hoffen und kurzfristig die Emissionen selbst reduzieren kann, sieht es in einem anderen Bereich düster aus. Beim Flugverkehr sind in den nächsten Jahren keine signifikanten Einsparungen an Treibhausgasen zu erwarten. Im Gegenteil: Die Zahl der Flüge nimmt immer mehr zu. Kein Wunder, manchmal kostet das Ticket weniger als die Taxifahrt zum Flughafen. Wirkliche Alternativen zum Flugzeug gibt es bestenfalls auf Kurzstrecken. Wer aber mit der Bahn versucht, in einer Woche einen Türkeiurlaub zu realisieren, muss nach der Ankunft leider gleich wieder die Rückreise antreten. Immerhin kann es so zu keinen unangenehmen Überraschungen im Urlaubshotel kommen.

Prinzipiell gibt es auch Ideen, den Flugverkehr ökologischer zu gestalten: Die NASA hatte schon einmal ein unbemanntes Solarflugzeug gebaut. Die Antriebsenergie kam vollständig von Solarzellen auf den Tragflächen. Demnächst plant ein Schweizer sogar eine Weltumrun-dung mit einem bemannten Solarflugzeug. Bei einer tonnenschweren Boeing 747 würden aber Solarzellen auf den Tragflügeln bestenfalls für die Unterhaltungselektronik ausreichen. An herkömmlichen Antrieben wird daher noch lange Zeit kein Weg vorbeigehen.

Eine neuseeländische Fluggesellschaft testete immerhin erfolgreich den Einsatz von Biosprit. Genau wie bei den Autos gibt es allerdings nicht genügend Anbauflächen für den weltweiten Bedarf aller Flugzeuge. Wasserstoff wird langfristig als eine weitere Alternative gehandelt. Dieser verbrennt zu Wasserdampf und nicht zu Kohlendioxid.

Bis derartige Alternativen zur Verfügung stehen, gibt es nur wenige Einsparmöglichkeiten. Lässt sich der Flug nicht vermeiden, kann man nur am Gewicht sparen. Ein Toilettengang direkt vor dem Check-in reduziert das Körpergewicht und spart Treibstoff. Um den Fluggästen das anzutrainieren, möchte eine Airline an den Bordtoiletten Münzschlösser einbauen. Immerhin können Frauen an dieser Stelle einmal erleichtert durchatmen. Sie sind in der Regel leichter als Männer und gehen öfter aufs Klo. Sie fliegen also umweltfreundlicher. Konsequenterweise müssten Flugtickets für Frauen daher billiger sein. Für Männer und beleibte Fluggäste müsste es hingegen einen Klimaaufschlag geben. Es soll sogar besonders korpulente Fluggäste geben, die zwei Sitzplätze benötigen. Die müssen dann allerdings auch bezahlt werden. Auch hierzu gibt es eine nette Geschichte: Ein sehr dicker Geschäftsmann hatte sein Reisebüro gebeten, für ihn ein Flugticket und zwei Plätze zu buchen. Nach einer Stunde bekommt er die Bestätigung: »Wir freuen uns, dass wir für Sie zwei Fensterplätze reservieren konnten.«

Neuer Ablasshandel und bunter Strom

Heute ist es nahezu unmöglich, sein Leben ohne den schädlichen Ausstoß von Treibhausgasen zu gestalten. Flugzeug, Auto und selbst die Bahn wären dann beispielsweise komplett tabu, bis umweltfreundliche Alternativen entwickelt sind. Das macht Klimaschutz nicht gerade attraktiv. Dabei gibt es aber eine simple Lösung: Man kann sich einfach von seinen Verfehlungen freikaufen und mit dem Geld an anderer Stelle die Klimasünden kompensieren. Rettet diesmal wirklich Geld die Welt?

Historisch gesehen ist die Idee des Freikaufs von Verfehlungen nicht neu. Mit dem Spruch »Sobald das Geld im Kasten klingt, die Seele in den Himmel springt«, tourte der Dominikanermönch Johann Tetzel zu Beginn des sechzehnten Jahrhunderts durch die deutschen Lande. Die Idee war einfach und genial zugleich. Man konnte Sünden durch eine Geldspende kompensieren und einen Ablass erhalten. Neun Dukaten für Kirchenraub und Meineid, acht Dukaten für einen Mord, und die Sünden waren vergessen. Ob Mengenrabatte für Massenmörder ausgehandelt werden konnten, ist allerdings nicht überliefert. Mit den gespendeten Summen ermöglichte der reuige Sünder Wohltaten an anderer Stelle. So kam unter anderem das Geld für den Bau des Petersdoms in Rom zusammen. »Gute Idee«, dachte sich der Legende nach der Ritter von Hagen und kaufte sich einen Ablassbrief für noch zu begehende Sünden. Dann überfiel er den Ablasshändler Tetzel, hielt ihm seinen Ablassbrief unter die Nase und raubte die Kasse, in die er zuvor eingezahlt hatte.

Der Freikauf von Klimasünden verläuft heute ähnlich, nur dass wir dazu nicht Dukaten in eine Holzkiste werfen, sondern das Geld modern per Internetbanking transferieren. Wenn wir eine Flugreise planen und damit die globale Erwärmung weiter anheizen, können wir vorher einen modernen Ablassbrief erwerben. Der heißt heute fulminant »Zertifikat für eingesparte Treibhausgasemissionen«. Neun Euro für einen Flug von Berlin nach München und zurück, 49 Euro für einen Flug nach New York, und die Klimasünden sind vergessen. Kirchenraub und Mord lässt sich heute allerdings nicht mehr so einfach sühnen. Mit dem eingesammelten Geld wird auch keine Kirche gebaut, sondern zum Beispiel eine Solaranlage für eine indische Küche. Die soll dann dort die gleiche Menge an Kohlendioxid einsparen, wie wir durch den Flug verursacht haben.

Beim historischen Kirchenraub ist das Konzept des Ablasshandels durchaus noch nachvollziehbar. Wenn ich erst der Kirche etwas wegnehme und es dann reumütig wieder zurückgebe, ist das eine logische Wiedergutmachung. Warum allerdings die Geldspende zum Bau einer Kirche einen Mord aufwiegen soll, erschießt sich vermutlich nur dem damaligen Klerus. Mit dem heutigen Kohlendioxid-Ablasshandel verhält es sich ähnlich wie beim Ablass für Kirchenraub.  Wir verursachen selbst Kohlendioxid und sparen es durch eine Investition in eine Solaranlage an anderer Stelle wieder ein. Betrachten wir den Flug und die indische Küche als Paket, sind die Umweltauswirkungen gleich geblieben.

Für den Klimaschutz müssen wir also auf nichts verzichten. Wir können zu Recht mit gutem Gewissen fliegen, Auto fahren und im Winter die Wohnung auf 27 Grad hochheizen, solange wir als Ausgleich nur dafür den Geldbeutel zücken. Von Befürwortern dieser Freikaufmethode habe ich einmal ein Beispiel gehört, das den Sinn solcher Klimakompensationen verdeutlichen soll: Viele Deutsche verkneifen sich aus Körpergewichtsgründen süße Leckereien. Dabei müsste das gar nicht sein. Wir könnten doch einfach die Kaloriensünden kompen-

sieren, indem wir anschließend im Fitnessstudio dafür büßen. Die Solaranlage in Indien wäre demnach das Fitnessprogramm für unseren Flug. Das klingt erst einmal logisch, hat aber einen Haken. Investieren wir in die Solaranlage in Indien, wäre das so, also ob wir hier in Deutschland fette Torten futtern und dafür einem Inder ein Fitnessstudio in Neu-Delhi einrichten. Betrachten wir den tortenessenden Deutschen und den sporttreibenden Inder als Paket, bleibt der gemittelte Gesundheitszustand von beiden ebenfalls gleich.

Die Zahl der übergewichtsbedingten Erkrankungen dürfte dadurch weltweit nicht zurückgehen. Wir erreichen vielleicht, dass der Zustand gleich bleibt – mehr aber auch nicht. Immerhin gibt es bei der Torte die Möglichkeit, die angefutterten Kalorien selbst wieder herunterzuhungern. Das funktioniert mit dem Kohlendioxid leider nicht. Das, was wir in die Atmosphäre gepustet haben, bleibt dort, auch wenn wir noch so viele Solaranlagen bauen. Ganz unsinnig ist der moderne Ablasshandel dennoch nicht. Er hilft immerhin, den nötigen Umbau der Energieversorgung an anderer Stelle voranzutreiben. Der würde nämlich sonst noch schleppender verlaufen. Mittelfristiges Ziel muss es aber sein, die eigenen Kohlendioxidemissionen zu drosseln und nicht nur die der anderen. Dazu brauchen wir kohlendioxidfreie Flugzeuge, Autos und Häuser. Technisch lässt sich das alles schon realisieren. Da wir aber viel zu lange die Umsetzung verschlafen haben, ist es momentan einfacher, an anderer Stelle zu sparen.

Auch auf internationaler Ebene ist ein Ablasshandel in großem Stil im Gange. Das heißt dann auf Neudeutsch: »Joint Implementation«. Länder, die internationale Verpflichtungen zur Reduktion von Treibhausgasen nicht schaffen, sollen Einsparungen in anderen Ländern finanzieren und sich anrechnen lassen können. Möglicherweise ist die Idee des staatlichen Ablasshandels aber doch nicht so schlecht. Wir sollten uns vielleicht auch schon jetzt von unseren künftigen, zu hohen Treibhausgasemissionen freikaufen. Dazu könnten wir beispielsweise in Bangladesch, wo große Teile des Landes nur weniger als einen Meter über dem Meeresspiegel liegen, alle fossilen Kohlendioxidschleudern durch regenerative Energieanlagen ersetzen und zu Hause munter weiter sündigen.

Wenn künftig trotzdem die Hälfte von Bangladesch durch die Klimaerwärmung im Meer versinkt, können wir dann guten Gewissens dorthin fliegen – natürlich mit Kohlendioxidzertifikat – und wie einst der Ritter von

Hagen mit dem Joint-Implementation-Papier wedeln: »Schaut, ihr seid selbst schuld, dass ihr abgesoffen seid. Hättet ihr einfach mal genauso viel für den Klimaschutz getan wie wir.«

Die Europäische Union hat beschlossen, erst einmal in eigenen Landen tätig zu werden und im Jahr 2005 den Emissionshandel eingeführt. Große Industrieunternehmen und Kraftwerke erhielten dafür Emissionszertifikate erst einmal geschenkt. Das ist sozusagen ein Freibrief für Verschmutzungen, ganz nach dem Motto: Dreimal Kirchenraub und fünfmal Meineid pro Industrieunternehmen sind ok. Für einige Unternehmen und Manager reicht das bei weitem nicht aus. Möglicherweise gibt es aber auch den einen oder anderen rundum ehrlichen Betrieb. Verursachen die Unternehmen mehr Treibhausgase als ihnen zusteht, müssen sie von anderen nicht benötigte Zertifikate kaufen. Dadurch sollen immer nur die kostengünstigsten Sparmaßnahmen realisiert werden. Die Zahl der Zertifikate wird jedes Jahr verringert und so der Druck zu Reduktionsmaßnahmen erhöht.

Das Prinzip lässt sich an anderer Stelle auch ganz anschaulich erklären: Möchte man zum Beispiel die Zahl der Sünden reduzieren, erhält jeder Bürger eine gewisse Zahl an Sündenzertifikaten. Einmal Meineid oder Kirchenraub pro Jahr wären damit erst einmal toleriert. Wer nun zusätzlich einen Mord begehen möchte, muss sich vorher Zertifikate von rechtschaffenen Zeitgenossen kaufen. »Hallo Nachbar. Was willst du für dein Zertifikat? Meine Alte nervt fürchterlich.« Das Geld landet bei dem System nicht in der Ablasskasse. Dafür werden die ehrlichen Nachbarn aber direkt belohnt. Künftig sollen dann die Daumenschrauben angezogen werden. Mit der Zeit wird die Zahl der Zertifikate reduziert, so dass immer seltener ein Kirchenraub oder Mord möglich wird. Zum Schluss gibt es nur noch gute Menschen und das Böse auf der Welt gehört der Vergangenheit an. So lautet zumindest die Theorie. Bleibt abzuwarten, ob diese Idee wirklich funktioniert. Bislang wurden so viele Emissionszertifikate verteilt, dass kaum ein großes Unternehmen wirkliches Interesse am Sparen entwickelt hat.

Betrachten wir zum Schluss des Kapitels noch ein weiteres, recht vielversprechendes Freikaufsystem: den grünen Strom. Rund ein Drittel der Kohlendioxidemissionen geht in Deutschland allein auf das Konto der Stromriesen. Besonders machtlos fühlen sich viele daher gegen die großen Stromkonzerne. Dabei bietet der liberalisierte Strommarkt eine prima Möglichkeit, diesen die rote oder, besser noch, die grüne Karte zu zeigen.

Wer ein geeignetes Dach für Solaranlagen oder einen großen Acker für Windkraftanlagen sein Eigen nennt, kann sich seinen Ökostrom selbst herstellen. Den anderen bleibt die Flucht zu einem anderen Stromlieferanten. »Grüne Stromanbieter« versprechen kohlendioxidfreien Ökostrom frei Haus. Dazu bauen sie einfach irgendwo in Europa regenerative Kraftwerke wie Wasserkraft-, Windkraft-, Solar- oder Biomasseanlagen, die dann den  grünen Strom bis zu uns nach Hause liefern. Etikettenschwindel ist allerdings auch hier an der Tagesordnung. Die großen Stromkonzerne werben auch mit grünen Tarifen und gründen dazu Töchter mit wohlklingenden Namen. Dann sortieren sie geschickt ihren Strom. Wer einen grünen Tarif bucht, bekommt Strom oft aus den vorhandenen regenerativen Anlagen, die restlichen Kunden erhalten dafür ein wenig mehr Kohle- oder Atomstrom. In der Summe ändert sich dadurch wenig. Es gibt aber auch unabhängige grüne Stromanbieter, die das Geld der Kunden tatsächlich in neue regenerative Kraftwerke stecken. Da macht ein Wechsel wirklich Sinn.

Bleibt die Frage, wie der Strom von dem Wasserkraftwerk aus Österreich bis zu den Kunden nach Norddeutschland kommt. Möglicherweise vermischt sich der Strom unterwegs mit dem unerwünschten Atomstrom. Spaßvögel haben einmal versucht, dafür einen Atomstromindikator unter die Leute zu bringen. Einfach in die Steckdose stecken und wenn die gelbe Lampe leuchtet, kommt gerade Atomstrom raus. Dann hilft nur noch der eingebaute Not-Ausschalter. Leider lassen sich Elektronen in der Steckdose nicht nach ihrer Herkunft unterscheiden. Das Elektrizitätsnetz ist ein großer unübersichtlicher Stromsee, in den Kohle-, Atom- und regenerative Kraftwerke ihren Strom gießen. Wir zapfen ihn dann irgendwo wieder ab. Es ist daher wenig wahrscheinlich, dass der Strom im Berliner Einfamilienhaus auch tatsächlich von dem österreichischen Wasserkraftwerk des grünen Stromanbieters stammt.

Im Prinzip ist das aber auch nicht wirklich wichtig. Die grünen Stromanbieter speisen zeitgleich die von den Kunden gebrauchte Strommenge aus ökologisch korrekten Kraftwerken in den Stromsee ein. Durch den Wechsel zu einem unabhängigen grünen Stromanbieter wird also die selbst verbrauchte Strommenge künftig sauber produziert. Würden alle Kunden zu grünen Stromanbietern wechseln, wäre das Ende der Atom- und Kohlekraft besiegelt. Wir hätten nur noch sauberen Strom in unserem Stromsee und der Ausstoß an Treibhausgasen würde signifikant zurückgehen. Meist ist der Umstieg zu einem grünen Stromanbieter nur mit geringfügig höheren Stromkosten verbunden. Einfach nur ein Formular eines grünen Stromanbieters ausfüllen und unterschreiben und schon ist der Wechsel perfekt und bringt jede Menge Vorteile: »Meine Zimmerpflanzen wachsen im Winter bei Kunstlicht immer so schlecht.« »Kein Wunder. Deine Lampen laufen ja auch noch nicht mit grünem Strom.«

Grüne Stromanbieter
In Deutschland kann jeder Stromkunde seinen Stromanbieter frei wählen. Über einen unabhängigen grünen Stromanbieter lässt sich der eigene Stromverbrauch kohlendioxidfrei aus regenerativen Kraftwerken decken. Der Wechsel ist einfach. Hierzu muss nur der alte Vertrag gekündigt und ein Vertrag mit einem neuen Anbieter unterschrieben werden. Meist übernimmt der neue Anbieter auch die Kündigung. Beim Stromanschluss selbst ändert sich durch den Wechsel nichts. Der Strom kommt wie gewohnt aus der Steckdose. Die Rechnung stellt dann aber künftig der neue grüne Stromanbieter, der die gekaufte Strommenge aus regenerativen Kraftwerken in das öffentliche Netz einspeist.

www.atomausstieg-selber-machen.de
www.atmosfair.de

Sonne, Wind und Sterne

Wir brauchen möglichst bald eine umweltfreundliche Energieversorgung und wir kennen die Lösung: erneuerbare Energien. Sie könnten unseren Energiehunger problemlos klimaverträglich decken, meinen die einen. Vielleicht einmal in ferner Zukunft, meinen die anderen. Und ganz prinzipiell, wie sollen denn wetterabhängige Wind- und Solarkraftwerke überhaupt für eine sichere Stromversorgung sorgen?

Als passionierter Befürworter der erneuerbaren Energien galt man lange Zeit als Ökospinner. Auch heute gibt es immer noch vehemente Gegner dieser offensichtlichen Zukunftstechnologien. In den Diskussionen um die künftige Energieversorgung, werden einige Zeitgenossen recht deutlich: »Ihre regenerativen Energien können Sie vergessen. Nachts scheint keine Sonne, und wenn dann auch noch Flaute ist, sitzen wir alle im Dunkeln!« So richtig Angst bekomme ich bei dieser Drohung nicht. Da ich nachts meistens schlafe, finde ich es gar nicht schlecht, wenn es dann auch dunkel ist. Aber Spaß beiseite – wenn wir eine klimaverträgliche Energieversorgung nur auf Basis regenerativer Energien realisieren wollen, muss der Strom natürlich wie gewohnt zu jeder gewünschten Zeit aus der Steckdose kommen.

Das ist aber gar kein Hexenwerk. Ein Problem ist dabei allerdings die Sonne. Skeptiker haben ja bereits festgestellt, dass sie nachts nicht scheint. Genau genommen stimmt aber nicht einmal das. Wir befinden uns nachts nur auf der falschen Seite der Erde. Will man die gesamte Energieversorgung nur mit Sonnenenergie sicherstellen, braucht man daher entweder große Energiespeicher für die Zeiten, in denen die Sonne auf der falschen Seite der Erde scheint, oder große Stromleitungen rund um die Erde. Diese könnten dann immer den Strom aus sonnigen Regionen in die von der Sonne vernachlässigten transportieren.

Wesentlich einfacher lässt sich allerdings eine regenerative Energieversorgung realisieren, wenn wir verschiedene regenerative Kraftwerke wie Solar-, Windkraft-, Wasserkraft-, Biomasse- und Erdwärmeanlagen kombinieren. Vernetzen wir die Anlagen auch noch großräumig, kommen wir fast ohne Speicher aus. Die weit verteilten Anlagen ergänzen sich nämlich nahezu optimal. Bereits in wenigen Jahren könnten regenerative Kraftwerke die Hälfte unseres Strombedarfs decken. Bis Mitte des Jahrhunderts können erneuerbare Energien problemlos die gesamte Versorgung übernehmen. Während diese Auffassung noch vor wenigen Jahren müde belächelt wurde, hat sie sich inzwischen quer über alle politischen Parteien in Deutschland durchgesetzt. Zweifler gibt es aber noch immer.

Von einigen Seiten werden daher Kohle- und Atomkraftwerke als notwendige Brückentechnologien angesehen, bis regenerative Energien einmal die Versorgung übernehmen können. Große Braunkohle- und Atomkraftwerke lassen sich allerdings nur schlecht regeln und werden zum Klotz am Bein, wenn der Wind oder die Sonne schwanken. Genauso gut könnte man versuchen, die Strecke von Berlin nach Köln mit einem Solarelektroauto zurückzulegen. Und wenn die Sonne mal nicht scheint, dient das Flugzeug uns als Brückentechnologie. Abends in Berlin starten, von Hannover bis Paderborn mit dem Flieger, am nächsten Morgen wieder mit dem Solarauto nach Düsseldorf und das letzte Stück mit dem Flugzeug bis nach Köln. Na, sind Sie von dem Konzept überzeugt?

Bleibt die Frage, ob ohne Atom- und Kohlekraftwerke bei uns nicht wirklich bald die Lichter ausgehen. Hier lohnt ein Blick in die Vergangenheit. In der süddeutschen Gemeinde Wyhl sollte ein Atomkraftwerk gebaut wer-

den, was sich aber wegen massiver Widerstände der Bevölkerung als schwierig erwies. Daraufhin drohte 1975 der damalige baden-württembergische Ministerpräsident Hans Karl Filbinger: »Ohne das Kernkraftwerk werden bis 1980 in Baden-Württemberg die ersten Lichter ausgehen.« Das Kraftwerk Wyhl wurde bis heute nicht gebaut. Wer Freunde oder Bekannte in Baden-Württemberg hat, sollte ihnen darum regelmäßig ein Carepaket mit Kerzen oder besser noch Solarleuchten schicken.

Um mit den bekannten Vorurteilen endgültig aufzuräumen, wurde von Wissenschaftlern in Kassel das regenerative Kombikraftwerk realisiert. Dieses Kraftwerk verknüpfte und steuerte 36 über ganz Deutschland verstreute Wind-, Solar-, Biomasse- und Wasserkraftanlagen. Diese Anlagen sollten genau ein Zehntausendstel des deutschen Strombedarfs ohne Ausfälle decken. Ein Erfolg dieses Versuchs würde bedeuten, dass man nur die

Zahl der regenerativen Anlagen entsprechend erhöhen müsste, um den gesamten Strombedarf in Deutschland lückenlos sicherzustellen. Das Experiment gelang, und der Projektleiter erhielt den deutschen Klimaschutzpreis. Die Vorurteile sind aber bis heute geblieben oder werden bewusst aufrechterhalten.

Den größten Anteil an der künftigen Stromerzeugung werden Wind- und Photovoltaikanlagen decken. Windkraftanlagen sind aber zunehmend umstritten. So warnte vor einigen Jahren eine Kohlebergbaugesellschaft in Deutschland vor gefährlichen Infraschallemissionen durch Windkraftanlagen. »Diese können die inneren Organe des Menschen zu Schwingungen anregen, Übelkeit, Kopfschmerzen und Schlaflosigkeit hervorrufen.« Tatsächlich lassen sich bei Windkraftanlagen Schallemissionen unterhalb der Hörschwelle nachweisen. Die Infraschallemissionen des Autoverkehrs sind allerdings erheblich größer. Wenn Sie das nächste Mal Erbrochenes auf der Straße sehen, wissen Sie jetzt warum.

Zugegebenermaßen verändern Windkraftanlagen unser Landschaftsbild. Nicht jeder muss das hübsch finden. Windkraftanlagen sind allerdings eine der Hauptsäulen für eine künftige klimaverträgliche Energieversorgung. Wer in Norddeutschland aus Landschaftsschutzgründen Windkraftanlagen verhindert, muss möglicherweise bald einen Verein zum Schutz von Unterwasserlandschaften gründen. Vielleicht fallen uns Windkraftanlagen aber nur so negativ auf, weil sie immer noch relativ neu im Landschaftsbild sind. Zählen Sie doch spaßeshalber einmal auf einer Zug- oder Autofahrt von Hamburg nach München die Zahl der Windkraftanlagen und die Zahl der

Strommasten entlang der Strecke. Künftig werden viele Windkraftanlagen fernab der Küste im offenen Meer entstehen und nur noch wenige mit ihrem Aussehen belästigen.

Die andere große Hoffnung liegt in der Photovoltaik. Solarzellen wandeln die Sonnenstrahlung direkt in elektrische Energie um. Den für die Herstellung benötigten Rohstoff Silizium gibt es wie Sand am Meer. Aus Quarzsand lässt sich nämlich reines Silizium gewinnen. Vor einiger Zeit gab es dennoch weltweit einen Silizium-engpass, weil Fabriken fehlten, um schnell genug den begehrten Rohstoff zu gewinnen. »Der Sand ist alle!«, titelte daraufhin treffend eine Branchenzeitschrift. Inzwischen gibt es wieder ausreichend Zellmaterial und die Preise für Silizium und Photovoltaikanlagen fallen ständig. In wenigen Jahren werden Solaranlagen daher den Strom zu Preisen liefern können, die unter den üblichen Haushaltsstrompreisen liegen.

Dennoch lässt sich nicht bestreiten, dass Deutschland nicht zu den von der Sonne verwöhnten Regionen der Erde zählt. Umso erstaunlicher ist, dass Deutschland sich lange Jahre als Photovoltaikweltmeister halten konnte. Jawohl! Im Jahr 2005 haben wir Japan überholt und besitzen seitdem weltweit die meisten Solarstromanlagen. Endlich mal ein Titel, auf den wir in Deutschland stolz sein könnten: »Wir sind Photovoltaikweltmeister!« Und das, obwohl wir eigentlich so gut wie keine Sonne haben. Aber schließlich hat auch unser Einstein für die Photovoltaik den Nobelpreis erhalten. Was den wenigsten be-

238

kannt ist: Albert Einstein hat den Physiknobelpreis für die Beschreibung des photoelektrischen Effekts und nicht etwa für die Relativitätstheorie erhalten. Anstatt uns in Deutschland über die Preise und Titel zu freuen, diskutieren wir aber lieber über die hohen Kosten des Solarstroms.

Deutlich preiswerter ließe sich Strom in Regionen herstellen, in denen öfter die Sonne scheint. Beim Projekt »Desertec« sollen große solarthermische Kraftwerke in der Sahara errichtet werden. Bei diesen Kraftwerken konzentrieren Spiegel die Sonnenstrahlung und erzeugen Temperaturen von über 400 Grad Celsius. Mit der Wärme lässt sich eine Turbine antreiben und schließlich Strom erzeugen. Das Konzept hat einige bestechende Vorteile. In solarthermische Kraftwerke lassen sich sehr einfach Wärmespeicher integrieren. Damit können diese auch Strom liefern, wenn die Sonne nicht scheint. Außerdem gibt es in der Sahara Platz genug, um mit Solaranlagen hundert mal den Strombedarf der Erde decken zu können. Eigentlich wollen wir das aber gar nicht. Einmal würde ja schon völlig ausreichen.

Auch hier melden sich die Skeptiker wieder zu Wort: »Wie soll denn der Strom von der Sahara zu uns kommen?« Gegenfrage: »Wie kommt denn ein Telefongespräch von Deutschland über den Antlantik in die USA?« Die Antwort ist ganz einfach: über ein Kabel. Mit Gleichstromleitungen, die mit sehr hoher Spannung arbeiten, ließe sich der Strom verlustarm aus der Sahara bis nach Deutschland transportieren. »Das wäre dann doch ein optimales Anschlagsziel für Terroristen«, legen Skeptiker dann gerne nach. Der gemeine Terrorist spricht ja bekanntermaßen Arabisch, genau wie viele Einwohner in Nordafrika. Man würde allerdings viele parallele Kabel nach Europa legen und will außerdem nur 10 bis 15 Prozent unseres Bedarfs decken. Das macht die Technologie für Terroranschläge ziemlich unattraktiv. Aber auch amerikanische Militärs sollen schon Bedenken gegen die Technologie geäußert haben. Im Falle kriegerischer Auseinandersetzungen würden die Spiegel der Anlagen zerbrechen. Soldaten, die dann über den Boden robben, könnten sich an den Scherben schneiden. Klimaschutz ist wirklich ein schweres Unterfangen!

Ein Trost für die Skeptiker: Unsere Wärme wird auch künftig höchstwahrscheinlich nicht aus der Sahara kommen, da sich Wärme schwieriger als Strom über weite Strecken transportieren lässt. Zur Deckung unseres Wärmebedarfs kommen künftig Solarthermie-, Biomasseoder Erdwärmeanlagen in Frage. Auch Wärmepumpen oder Brennstoffzellen sind eine Alternative, wenn der von ihnen benötigte Strom oder Wasserstoff ökologisch korrekt durch regenerative Energien erzeugt wird. Die meisten dieser regenerativen Technologien sind weitgehend ausgereift. Wir müssten sie eigentlich nur noch flächendeckend einsetzen, dann wäre das Klima so gut wie gerettet. Bis dahin bedarf es aber noch viel Aufklärungsarbeit. So soll jüngst ein Kunde zwei große Solarthermieanlagen bestellt haben. Bei der Montage wies er die Handwerker an, die Kollektorscheiben der einen Anlage mit Silberfolie zu bekleben. »Wofür soll denn das gut sein?«, fragte ein Monteur. »Ist doch logisch«, antwortete der Kunde, »die sind für das kalte Wasser.«

Offshore-Windkraftanlagen

So bezeichnet man Windkraftanlagen, die »weg von der Küste« stehen. Auf dem offenen Meer gibt es viel Platz, weniger Belästigungen und vor allem deutlich mehr Wind. Die Anlagen werden so weit vor der Küste aufgebaut, dass sie Badegäste nicht durch ihren Anblick verschrecken können. Der Strom gelangt über ein Seekabel an Land und wird dort in das Stromnetz eingespeist.

Photovoltaikanlagen

Solarzellen aus Silizium oder anderen Halbleitermaterialien wandeln Sonnenstrahlung direkt in elektrischen Gleichstrom um. Ein Solarwechselrichter erzeugt daraus den von der Steckdose bekannten Wechselstrom und speist ihn in das öffentliche Elektrizitätsnetz ein.

Solarthermische Kraftwerke

Diese Kraftwerke konzentrieren erst das Sonnenlicht über Spiegel und erzeugen im Brennpunkt Hochtemperaturwärme. Daraus entsteht dann über einen thermischen Kraftwerksprozess Elektrizität. Solarthermische Kraftwerke arbeiten allerdings nur in sehr sonnigen Regionen optimal.

Solarthermieanlagen

Bei diesen Anlagen wird eine Flüssigkeit durch ein dunkel beschichtetes Absorberrohr in einem Kollektor gepumpt. Dort erwärmt sie sich und kann zur Trinkwasserwärmung und Heizungsunterstützung genutzt werden.

www.kombikraftwerk.de
www.erneuerbare-energien.de
www.volker-quaschning.de

Umweltschutz ist sexy

Eine Reihe kleiner Umweltprobleme haben wir in den letzten Jahren in den Griff bekommen. Viele Flüsse sind wieder sauber, der Wald stirbt nur noch langsam und leere Getränkedosen in der Natur sind dank Pfandverordnung selten geworden. Die ganz großen globalen Umweltprobleme sind aber nach wie vor ungelöst. Dabei wäre die Lösung im Prinzip ganz simpel: Machen wir doch einfach Umweltschutz sexy, dann funktioniert er völlig von selbst.

Umweltschutz ist wichtig. Das wissen die meisten. Er ist aber auch mühsam und kostet oft Geld. Kein Wunder, dass viele Menschen andere Probleme haben. Ein bisschen Umweltschutz ist ja ok, das haben wir alle in der Schule gelernt und werden auch noch dauernd durch die Medien daran erinnert. Aber in seiner ganzen Tragweite ist Umweltschutz uncool und eher was für Hardcore-Grüne aus den 1980er-Jahren.

Wer Umweltschutz im ganz großen Maßstab durchsetzen will, muss ihn sexy machen! Das Dosenpfand wäre ohne viel Protest durchgegangen, wenn wir es pünktlich zur Fussball-WM in Deutschland eingeführt und alle Pfandflaschen mit großen Abziehbildern der deutschen Nationalhelden beklebt hätten. Die Fans hätten sogar mit Pfandflaschen in die Kameras gewedelt: »Eh Mann, was bist du denn für ein Weichei? Bier in der Pfandflasche?« »Ja, voll cool. Guck mal, da ist Poldi drauf. Den Schweini hab ich auch schon getrunken.«

Auch für die weltweite Einführung von Solaranlagen gibt es einfache Rezepte. In den USA hat einmal ein Hausbesitzer stolz seine Photovoltaikanlage vorgeführt. Anders als in Deutschland ist es in Amerika üblich, solche Anlagen nicht einfach nur ans öffentliche Stromnetz anzuschließen, sondern auch mit einer großen Batterie auszustatten. Die liefert auch Strom, wenn einmal das Netz ausfallen sollte. Bei so einer Vorführung kommt meist die typische Frage auf: »Ist so eine Anlage nicht sehr teuer?« »Doch, schon«, antwortete er. »Aber das ist eigentlich egal. Sehen Sie,  wir hatten neulich den Super Bowl.« Für Sportunkundige: Das ist das Football-Finale in den USA und ähnlich populär wie bei uns ein Fußball-WM-Endspiel mit deutscher Beteiligung. »Genau da ist hier im Bezirk überall der Strom ausgefallen. Überall, außer bei mir. Ich habe ja meine Solaranlage und die Batterie. Am Ende waren 80 Leute vor meinem Fernseher und ich war der Held des Viertels. Jeder Zweite will nun auch eine Solaranlage.«

Dass Solaranlagen Spaß machen, können auch meine Kinder bezeugen. Im Sommer steht bei uns im Garten oft ein Planschbecken. Da unsere Solarthermieanlage auf dem Dach im Sommer sowieso ohne Ende warmes Wasser liefert, dürfen die Kleinen ihr Vergnügen stets wohltemperiert genießen. Einmal liefen Spaziergänger an unserem Garten vorbei, die umgehend die freudige Mitteilung erhielten: »Hallo, guckt mal. Wir baden hier in warmem Wasser.« »Oh, da hat der Papa aber viel Geld.« »Nee, wir haben doch eine Solaranlage.«

Früher waren es Einzelfälle, die uns Freude am Umweltschutz bescherten. Heute hat der Umweltschutz in immer mehr Bereichen sein Müsli-Öko-Verzichtsimage abgelegt und es bis in unsere Spaßgesellschaft geschafft. Da die deutschen Autokonzerne lange Zeit lieber dicke Geländewagen als abgasfreie Elektroautos entwickelten, sprangen amerikanische Startup-Unternehmen in die Lücke. Arnold Schwarzenegger und George Clooney zählten zu deren ersten Kunden. Von null auf hundert in vier Sekunden mit einem hunderttausend Dollar teuren Ökoflitzer ist mehr als cool. Da kann man auch ruhig einmal einen Müslischlitten neben seinen Hummer-Geländewagen stellen.

Umweltschutz kann also durchaus Spaß machen. Mit dem Spaß und dem Humor haben wir in Deutschland aber manchmal noch so unsere Probleme. Vielleicht hat der Umweltschutz bei uns im Vergleich zu anderen Ländern auch deshalb recht gut funktioniert, weil er bislang nicht allzu viel Spaß bereitet hat. Umweltschutz ist schließlich eine ernste Sache! Das kann doch keine Freude machen. Warum aber eigentlich nicht? Kinder haben noch ein ungestörtes Verhältnis zu ihrer Umwelt. In ihren ersten Bildern malen sie stets lachende Sonnen und grüne, intakte Natur.

Umweltschutz ist sexy

Alles andere wäre vermutlich auch ein wenig befremdlich: »Schau mal Schatz, das erste Bild unseres Kleinen aus der Kita.« »Oh schön. Das Atomkraftwerk und die abgestorbenen Bäume sind aber gut gelungen.« Irgendwann in unserer späten Jugend scheinen viele von uns das Vergnügen an ihrer Umwelt zu verlieren. Anderenfalls dürften wir gar keine Umweltprobleme haben.

Inzwischen haben allerdings viele ihren Spaß am Umweltschutz wieder entdeckt. Wer früher noch ein Ökospinner war, ist heute zum Trendsetter geworden. Inzwischen kann man nicht mehr mit einem Opel Manta oder VW GTI punkten, sondern mit einem flotten Elektroflitzer oder einer schmucken Solaranlage. Während Umweltschützer früher spießige Spaßbremsen waren, sind sie heute cool und sexy.

Jetzt, wo Umweltschutz beginnt, richtig Freude zu machen, scheint er sich sogar zum Exportschlager zu entwickeln. Das hilft uns vielleicht sogar, wieder einmal Exportweltmeister zu werden. Bleibt die Frage, ob wir auch Umweltmeister bleiben können, wenn Umweltschutz immer mehr Spaß macht? Die Lösung ist einfach. Wir müssen aufhören, ständig nörgelnde, humorlose Deutsche zu sein. Wir dürfen uns auch einfach einmal freuen und auf Erreichtes stolz sein – auch wenn es schwer fällt. Dann bleiben wir Umweltmeister und andere Länder beneiden uns um unseren frischen, neuen Humor. In diesem Sinne: Haben Sie Spaß und helfen Sie mit, ganz nebenbei auch noch die Umwelt zu retten.